Eberhard Mühlan

Führung durch den Heiligen Geist

Eberhard Mühlan

Führung durch den Heiligen Geist

8

Schriftenreihe der

GESCHÄFTSLEUTE DES VOLLEN EVANGELIUMS INTERNATIONALE VEREINIGUNG

STIWA Druck und Verlag GmbH
Schurwaldstraße 10, Postfach 1220
D-7067 Urbach

Bestellungen sind an folgende Adresse zu richten:

STIWA Druck und Verlag GmbH
Schurwaldstraße 10, Postfach 1220
D-7067 Urbach

2. Auflage, 1983

Umschlaggestaltung: Dieter Illgen

ISBN 3-923310-80-3

INHALTSVERZEICHNIS

VORWORT

Die Frage nach der persönlichen Führung Gottes ist eine der brennendsten unter Christen. Entscheidet die Antwort darauf doch, wie erfüllt und segensreich das Leben hier auf der Erde gestaltet werden kann.

Trotzdem gibt es kaum einen Bereich in der christlichen Nachfolge, in dem so viel Unsicherheit und Hilflosigkeit dem Reden des Heiligen Geistes gegenüber herrscht.

In diesem Buch werden einige brennende Fragen zu diesem Thema beantwortet und Prinzipien erarbeitet, mit denen man zuverlässig das Reden des Heiligen Geistes beurteilen kann.

Jeder Christ hat die Verheißung, durch den Heiligen Geist geleitet zu werden. Wir müssen es lernen, sein Reden herauszuhören und beurteilen zu können. Gott hält Ausschau nach Menschen, die sensibel genug sind, auf sein persönliches Reden einzugehen, um sich von ihm als Boten senden zu lassen.

Die Bibelstellen sind nach der Revidierten Elberfelder Übersetzung angegeben.

GOTT MÖCHTE DICH ÜBER DEINEN LEBENSPLAN UNTERWEISEN

1

Eine meiner tiefgreifendsten persönlichen Erfahrungen als junger Christ war die Ahnung, daß Gott einen Plan für mein Leben haben könnte. Zuerst war mir der Gedanke zu phantastisch; schließlich hatte Gott doch so viele Kinder, wie konnte er sich so für den einzelnen interessieren, daß er sich sogar Gedanken machte für die Zeit meines Lebens hier auf der Erde.

Doch dann stieß ich auf Bibelstellen, die mich innerlich hellwach machten und mir zeigten, daß ich in meiner Ahnung richtig lag.

„So spricht der Herr, dein Erlöser, der Heilige Israels: Ich bin der Herr, dein Gott, der dich **lehrt**, zu tun was gut für dich ist, der dich **leitet** auf dem Wege, den du gehen sollst.“ *Jes. 48, 17*

Hier las ich es schwarz auf weiß: es gibt einen Weg in diesem Leben, den **ich** gehen soll und Gott, mein Erlöser, verspricht, mich darüber zu belehren und zu leiten.
In mir wurde ein Verlangen wach, in der Bibel mehr davon zu erfahren. Wenn es wirklich so ist, daß Gott einen Weg für jedes seiner Kinder hat, dann muß darüber mehr in der Bibel zu finden sein.

„Denn wir sind sein Gebilde, in Christus Jesus geschaffen zu guten Werken, die Gott zuvor bereitet hat, damit wir in ihnen wandeln sollen.“ *Eph. 2,10*
Dieser Satz des Paulus machte mir unmißverständlich klar, daß jeder Christ in Gottes Augen unendlich wertvoll ist, daß Gott jeden von uns so gut kennt und liebt, daß er sich für jeden, schon bevor sein Leben begann, Werke ausgedacht hat, die seinen in ihm schlummernden Fähigkeiten genau entsprechen und die er dann in seinem Leben tun

sollte. Was für eine überwältigende Tatsache: Gott – Vater hat sich soviel Gedanken um mich gemacht für das, was ich hier auf der Erde anfangen soll!

Sollte dies nicht unser vorrangigstes Ziel sein: zu beten und zu suchen, um von Gott persönlich herauszufinden, was er sich für Dein Leben ausgedacht hat?

Ps. 25, 4 „Deine Wege, Herr, tue mir kund, deine Pfade lehre mich! Leite mich in deiner Wahrheit und lehre mich!"

Ohne Zweifel, es sind unsere eigenen Wege und Pläne, die uns immer wieder in Schwierigkeiten führen und uns letzten Endes unbefriedigt lassen. Aber genau das erkannt zu haben, was Gott geplant hat, muß das abenteuerreichste, fröhlichste und erfüllteste Leben sein, das man sich nur vorstellen kann.

Vom Anfang meiner Nachfolge an war es mein Ziel, nicht nur irgend etwas für Gott zu tun, sondern genau das, was Er sich für mein Leben ausgedacht hat.
Wir haben die Verheißung, daß er jeden von uns persönlich den Weg dorthin weisen will:
Ps. 32, 8 „Ich will dich unterweisen und dich lehren den Weg, den du gehen sollst; meine Augen über dir offenhaltend, will ich dir raten."

Der Psalmist spricht von einem ganz individuellen Weg, auf dem Gott Dich unterweisen, lehren und beraten möchte. An den Formulierungen erkennen wir schon, daß Gott sich nicht aufzwingt oder unseren freien Willen manipulieren will. Er möchte Dir mitteilen, wie Dein Weg aussehen soll und was das Beste für Dich ist. Wenn Du gelernt hast, das herauszuhören, hast Du immer noch die Entscheidung zu treffen, ob Du es tun willst oder nicht.
Aber so stellt es sich Gott vor: mit uns in „Augenkontakt" zu stehen und uns so durch unser Leben zu leiten.
Jes. 30, 21 „. . . und wenn ihr zur Rechten oder wenn ihr zur Linken abbiegt, so werden deine Ohren ein Wort hinter dir her hören: Dies ist der Weg, wandelt darauf!"

In diese Sensibilität für sein Reden möchte Gott uns hineinerziehen.
Die nächsten Seiten werden Dir Prinzipien aufzeigen, so daß Du hineinwachsen kannst in ein Leben der Nachfolge, in dem Gott zu Dir sprechen kann und von dem Du weißt, daß Du es im Willen Gottes gestaltest.

Das Neue Testament macht uns deutlich, daß in unserem Zeitalter der Heilige Geist der Agent sein soll, der uns alle Wahrheit aufschließt und das, was vor uns liegt, offenbart.

Als Jesus seine Jünger auf seinen Tod, Auferstehen und Zurückgehen zum Vater vorbereitet, verspricht er ihnen, daß er sie nicht allein zurücklassen, sondern einen ebenbürtigen Beistand senden wird. Er nennt ihnen auch die Aufgaben des zukünftigen Begleiters und Ratgebers.

„Wenn aber jener, der Geist der Wahrheit, gekommen ist, wird er euch in die ganze Wahrheit leiten, denn er wird nicht aus sich selbst reden, sondern was er hören wird, wird er reden, und das Kommende wird er euch verkündigen." *Joh. 16, 13*
Eine der Aufgaben des Heiligen Geistes wird es sein, Dir das vor Dir liegende anzusagen. Es ist ein Vorrecht für jedes Kind Gottes, persönlich durch den Heiligen Geist geleitet zu werden.

„Denn so viele durch den Geist Gottes geleitet werden, die sind Gottes Söhne." *Rö. 8, 14*
Laßt uns dieses kostbare Vorrecht nicht aus Unwissenheit oder Gleichgültigkeit verschleudern, sondern eifrig sein, von der Bibel her alle Prinzipien der Führung zu lernen, um so vollmächtig unseren Weg gehen zu können, bis wir vor den Richterstuhl Gottes gestellt werden und „jeder von uns für sich selbst Gott Rechenschaft geben muß" für jeden Tag, den wir hier auf der Erde verbracht haben. *Rö. 14, 12*

Ganz sicher ist der ganze Komplex des „Hörens auf die Stimme Gottes" ein Wachstums- und Reifeprozeß. Keiner sollte sich entmutigen lassen, wenn er jetzt feststellt: ich habe so selten und nur undeutlich mit vielen Zweifeln meinerseits das Reden des Heiligen Geistes verspürt. Aus den bisher zitierten Bibelstellen haben wir herausgelesen, daß Gott uns „unterweisen", „lehren", „leiten" und „beraten" will. All dies braucht Zeit und setzt eine gewisse

Joh. 10, 27 Reife als Christ voraus. Jesus sagt nicht umsonst: „Meine Schafe hören meine Stimme . . . " In diesem Bildvergleich spricht Jesus nicht von Lämmern, sondern von ausgewachsenen Schafen, die fähig sein sollen, seine Stimme zu hören.

Auf jeden Fall sollen wir uns ermutigen lassen, diese Verheißung Gottes nicht zu vernachlässigen: es ist der Wunsch und das Ziel Gottes, zu Dir ganz persönlich durch die Stimme des Heiligen Geistes reden zu können, um vor Deinen inneren Augen die Dinge zu entfalten, die Du in diesem Leben tun sollst.

Die genannten Bibelstellen zeigen auch klar, daß Gottes persönliche Führung erst verwirklicht werden kann, wenn man Jesus als seinen persönlichen Herrn und Erlöser angenommen hat und durch die Wiedergeburt ein Kind Gottes geworden ist. Dies ist der erste Schritt, der vollzogen werden muß!

Rö. 10, 9 „ . . . wenn du mit deinem Mund Jesus als Herrn bekennen und in deinem Herzen glauben wirst, daß Gott ihn aus den Toten auferweckt hat, wirst du errettet werden."

Religiosität oder die Anerkennung einer Gottheit reichen nicht aus. Man kann sich ein ganzes Leben unter Christen bewegen oder ein christliches Vokabular gebrauchen und doch nicht dazugehören.
Entscheidend ist die persönliche Begegnung mit dem auferstandenen Herrn, die uns ein neues Leben gibt und hineinnimmt in die Familie Gottes mit den Segnungen und Vorrechten, aber auch Verpflichtungen:

Rö. 8, 15-17 „Denn ihr habt nicht einen Geist der Knechtschaft empfangen, wieder zur Furcht, sondern einen Geist der

Sohnschaft habt ihr empfangen, in dem wir rufen: Abba, Vater! Der Geist selbst zeugt mit unserem Geist, daß wir Kinder Gottes sind. Wenn aber Kinder, so auch Erben, Erben Gottes und Miterben Christi, wenn wir wirklich mitleiden, damit wir auch mit verherrlicht werden."

Prinzip: Persönliche Führung durch den Heiligen Geist gibt es nur, wenn Du Jesus als Deinen persönlichen Herrn und Erlöser angenommen hast und durch die Wiedergeburt ein Kind Gottes geworden bist.

Für jedes einzelne seiner Kinder hat Gott einen Lebensplan, und er möchte Dich ganz persönlich dort hineinführen.

Das Leben im Plan Gottes wird das fröhlichste, erfüllteste und abenteuerreichste Leben sein, das es hier auf dieser Erde zu verwirklichen gibt.

2 UNBEWUSSTE FÜHRUNG

Wenn man sich in einem kleinen Kreis einmal Zeit nimmt, um über göttliche Führung auszutauschen, kommt man meistens sehr schnell auf die ziemlich spektakulären Dinge zu sprechen, wie Visionen, Träume, Weissagungen und anderes direktes Eingreifen Gottes. Die einen hören nur staunend zu, was es so alles gibt und wundern sich vielleicht, daß dies bei ihnen so selten geschieht, obwohl sie aufrichtig bezeugen können, daß sie sich auch geleitet wissen, – und das mit Recht!
Wir übersehen oft, daß sich der größte Teil der Führung Gottes für uns unbewußt abspielt und wir oft erst im Nachhinein staunend diesen „roten Faden" entdecken. Gott steht hinter unserem Leben als Christ, er sieht den Anfang und das Ende und arrangiert die Umstände.
Ein direktes Eingreifen finden wir gewöhnlich nur bei Korrekturen, wenn Gott uns vor Gefahr bewahren möchte oder wenn wir seinen Plan in bezug auf unser Leben durcheinanderbringen.

Normalerweise ist Gottes Führung so natürlich, daß ein geistlicher Christ kaum etwas davon merkt. Erst dann, wenn er, bewußt oder unbewußt, aus dem Willen Gottes ausbricht, wird Gott eingreifen müssen.
Dieses Prinzip der für uns unbewußten Führung sollten wir uns als erstes klar machen, bevor wir über das direkte Eingreifen Gottes sprechen.
In diesem Licht gesehen erscheinen uns manche großartigen Zeugnisse über Führung gar nicht mehr so geistlich in bezug auf den Wandel in der Nachfolge des Erzählers. Ein Beispiel: Ich war mit dem Wagen in großer Eile auf dem Weg zum Flugplatz, um in der Stadt X zu predigen. Gott ließ den Reifen meines Wagens platzen, so daß ich den Flug verpaßte. Ist Gottes Führung nicht wunderbar? Hinterher las ich in der Zeitung, daß ausgerechnet diese Maschine von Terroristen entführt wurde und daß ich auf diese Weise bewahrt worden blieb.

Dies ist eigentlich kein Zeugnis von dem wunderbaren gehorsamen Weg im Willen Gottes, sondern deutet an, daß dieser Mensch auf dem Weg heraus aus dem Willen Gottes war und Gott direkt eingreifen mußte, um ihn zu bewahren. Gott hätte nicht den Reifen seines Wagens platzen lassen müssen, wenn der Erzähler vorher gefragt hätte, ob seine Reise im Willen Gottes war.

So finden wir es immer wieder, daß Gott direkt eingreifen muß, wenn wir auf eigenwillige Weise dabei sind, seinen Wunsch für unser Leben zu verpfuschen.
Ein verpaßter Zug, ein Telefonanruf oder ein Brief, der gerade zur rechten Zeit kommt, verursacht uns zurückzuschauen und zu sagen: Preis dem Herrn! Er kennt den Anfang und das Ende und hat mich geführt, auch wenn ich gar nichts davon gemerkt habe.
Diese Form des Eingreifens Gottes können wir unbewußte Führung nennen.
Um sie in Deinem Leben als Christ verwirklicht zu finden, mußt Du einige Bedingungen eingehen.

Der erste Schritt ist, daß Du Dein Leben wirklich vorbehaltlos Gott übergibst und Dich seinem Wachstumsprozeß unterziehst.
Diese Übergabe kann man vergleichen mit dem Einsteigen in den richtigen Zug. Wenn Du in dem richtigen Zug bist, ist es nicht Deine Verantwortung auf Weichen und Signale zu achten, selbst das Umsteigen kannst du dem Schaffner, dem Heiligen Geist, überlassen. Er wird Dir rechtzeitig sagen, wann Du Deine Koffer nehmen und umsteigen sollst. Deine Verantwortung ist, in den richtigen Zug zu steigen!

Wir finden in der Bibel feine Beispiele unbewußter Führung von Menschen, die sich vorbehaltlos Gott verschrieben hatten. Ein erstes finden wir im Buch Ruth.
Naemi war Witwe und auf dem Weg zurück in ihr Heimatland Israel. Ihre Schwiegertöchter Ruth und Orpa, beide Moabiterinnen, hatten auch ihre Männer verloren. Naemi verabschiedet sich von ihnen und sagt ihnen, daß sie in

ihrem eigenen Land bleiben, einen neuen Mann finden und ihr Leben neu aufbauen sollten. Aber Ruth weigert sich zu-
Ruth 1,16 rückzubleiben. Sie hängt sich an Naemi und sagt: „Dringe nicht in mich, dich zu verlassen, hinter dir weg umzukehren, denn wohin du gehst, will ich gehen, und wo du weilst, will ich weilen, dein Volk ist mein Volk, und dein Gott ist mein Gott."

Diese Worte drücken eine uneingeschränkte Unterordnung unter Naemi und Übergabe an Gott aus. Bei vielen Christen fehlt diese uneingeschränkte Übergabe an Gott, und gerade dieses Fehlen ist die Ursache für viele Probleme in ihrem Leben.

Laßt uns sehen, wie es im Leben von Ruth weitergeht. Sie kommen nach Bethlehem und die Dinge stehen nicht so, wie Ruth sie sich vielleicht vorgestellt hat. In ihrer Armut bittet Ruth Naemi auf die Felder hinter den Schnittern hergehen zu können, um übriggebliebene Ähren aufzusammeln. Das war die Arbeit der Ärmsten, und Ruth hatte dies vorher sicherlich niemals nötig gehabt. Wir können einiges von ihrer Haltung lernen: Kein Wort des Vorwurfs oder der Klage: Hätte ich gewußt, wohin du mich gebracht hast, dann . . . auch keine Bitterkeit oder Resignation, sondern ein offenes Auge für die Situation und Bereitwilligkeit zu helfen. Nach außen hin können wir wirklich nichts an übernatürlicher Führung entdecken, aber folgender Vers ist für uns in diesem Zusammenhang
Ruth 2, 3 sehr interessant: „Und sie ging hin und kam und las auf dem Felde hinter den Schnittern her; und sie traf **zufällig** das Feldstück des Boas, der aus dem Geschlecht Elimelechs war." Elimelech war der verstorbene Mann Naemis, und wir wissen, daß sich aus dieser „zufälligen" Begebenheit auf Boas Feld eine Liebesgeschichte entwickelt, die damit endet, daß Ruth als heidnische Frau diesen Mann heiratet und damit ein Vorfahre von Christus wird.

Das hätte sich Ruth an dem Morgen, als sie sich auf den Weg zu den Feldern machte, sicherlich nicht träumen lassen. Ihre Gedanken waren nur darauf gerichtet, ihrer Schwiegermutter und sich selbst etwas zu essen zu beschaffen. Sie tat ganz einfach ihre tägliche Pflicht und sammelte Ähren auf. Wie wäre ihr Leben weiterverlaufen, wenn sie am Morgen mißmutig auf ihrem Lager liegengeblieben wäre und gedacht hätte: Naemi hat mich hierhergebracht, soll sie doch für mich sorgen . . . !

Ruth tat mit Hingabe ihre Pflicht, und so geschah es, daß sie zur rechten Zeit auf dem richtigen Feld war und das Richtige tat, um ihren zukünftigen Mann zu treffen. Die Welt nennt es Zufall und wir Christen göttliche Vorsorge. Wegen ihrer uneingeschränkten Übergabe an Gott und ihrer Bereitschaft, ohne zu murren mit Hingabe niedrige Dienste zu tun, schuf sie den Freiraum für Gottes Eingreifen, so daß er handeln und die Umstände arrangieren konnte.

Wie oft geschieht es, wenn wir mit den gleichen Voraussetzungen wie Ruth unser Leben gestalten, daß wir gerade „rein zufällig" zur richtigen Zeit am richtigen Platz sind, sich verschlossene Türen öffnen oder geöffnete Türen zutun. Wenn wir jeden Tag in Gottes Hände legen, ihn bitten, seine Pläne zu verwirklichen und dann mit aller Wachsamkeit und Nächstenliebe unseren Aufgaben nachgehen, werden wir feststellen können, daß wir uns zur richtigen Zeit am richtigen Platz befinden, weil wir Gott auf diese Weise Gelegenheit geschaffen haben, für unsere Situation zu sorgen. Was für ein aufregendes Leben! So kann ein ganz normaler Tag zu einem Abenteuer werden!

Wir sehen also, daß es für uns zwei Formen der Führung gibt: Einmal die für uns unbewußte Führung, weil wir unser Leben Jesus Christus übergeben haben und dann die wegweisende Führung, oder direkte Führung, wenn Gott möchte, daß wir in eine neue Richtung gehen und zu uns spricht durch Visionen, Träume, Weissagungen, die innere Stimme oder andere Mittel.

Bevor wir uns der wegweisenden Führung zuwenden, ist es einfach wichtig zu sehen, daß der Hauptteil aller Führung, wenn wir unser Leben Jesus übergeben haben, für uns in der aktuellen Situation mehr oder weniger unbewußt geschieht und Gott nur direkt eingreift, wenn es darum geht, daß wir einen anderen Weg einschlagen sollen. Wir sollten frei werden von dem Eindruck, daß wir nur dann Führung empfangen, wenn wir „Stimmen" hören oder anderes direktes göttliches Eingreifen erleben.

Wenn wir einmal unser Leben Jesus übergeben haben, dürfen wir sicher sein, daß wir in dem richtigen Zug in die richtige Richtung fahren und daß Gott dafür sorgen wird, wenn die Richtung geändert werden soll.

Prinzip: Überschlage die Kosten und übergib Dein Leben vorbehaltlos Jesus gemäß der Lebensprinzipien des Neuen Testamentes.
Lege jeden Tag neu in die Hände Gottes und gehe wachsam und voller Nächstenliebe den anfallenden Aufgaben nach.
So wirst Du die beste Grundlage schaffen für Gottes Vorsorge und Eingreifen in Deiner Situation.

WEGWEISENDE FÜHRUNG 3

Das Erkennen des Willens Gottes ist eine komplexe Angelegenheit, so wie unser Leben sich auch vielfältig abspielt. Wir werden ihn nicht in einem Moment erkennen und dann bis an unser Lebensende wissen, was Gott mit uns vor hat.
Wir haben herausgearbeitet, daß Gott ein Lebensziel für Dich hat und daß die erste Voraussetzung zum Erreichen dieses Zieles eine kompromißlose Übergabe aller Lebensbereiche an Jesus ist und ein Weg der Nachfolge in Gehorsam, Gebet und Sensibilität für sein Eingreifen.

Führung ist ein lebenslanger Prozeß. Gott hat ein Lebensziel für Dich gesetzt, und der Weg dorthin ist eine Tag-für-Tag-Entdeckung auf dieses Ziel hin. Gottes Wunsch ist es, uns dem von ihm gesetzten Ziel näher zu bringen. Er überfällt uns nicht mit seinen Plänen, sondern läßt uns Zeit, in unsere Aufgaben hineinzuwachsen. Mose verbrachte 40 Jahre Charakterschulung in der Wüste, bis Gott ihn direkt ansprach und ihm mitteilte, was er von seinem Leben wollte. Aber ich bin mir sicher, daß in Gottes Augen jeder Tag zählte und Mose dem von Gott gesteckten Ziel näher brachte. Umstände, Deine Wahl etwas zu tun oder zu lassen, Deine Trägheit oder geistlicher Eifer können den Weg auf das von Gott gesetzte Ziel behindern oder beschleunigen. Das Ziel steht fest, aber es hängt in vieler Hinsicht von Dir ab, ob oder wie und wann es erreicht werden kann.

Ein Beispiel mag helfen: Bei einem Spiel auf dem Fußballfeld steht das Ziel, nämlich das gegnerische Tor, fest. Aber der Spieler muß einmal gelernt haben, mit dem Ball geschickt umgehen zu können und dann auch seine Taktik und Pläne auf den Gegner einzustellen und sie so schnell ändern und umstellen zu können, wie der Gegner es tut. Das Ziel kann auf vielerlei Weise erreicht werden. Der kürzeste Weg muß nicht der beste sein und führt nicht immer am schnellsten zum Ziel.

Dies Beispiel kann auf unser Leben in der Nachfolge bezogen werden. Unser Leben ist komplex. Wir haben zu lernen, die ganze Waffenrüstung anzuziehen, um jeden Tag siegreich zu meistern – mit dem Ball richtig umgehen zu können – und die richtige Taktik für jeden Tag anzuwenden, damit wir dem Ziel näher kommen können.

Dies ist mit ein Grund dafür, daß Gott Dir nicht auf einmal einen detaillierten Bericht geben kann von dem, was vor Dir liegt. Jeder Tag bringt neue Möglichkeiten und zählt auf dem Weg auf das gottgesetzte Ziel zu.

Es gibt nicht nur einen Weg auf das Ziel; sicherlich gibt es den Weg, der am effektivsten und angenehmsten ist. Wenn Du diesen Weg verfehlst, ist nicht **alles** verloren wie manche dann meinen. Es mag Gelegenheiten geben, die nicht wiederkommen, aber wenn Du Deine Fehler bereust und wieder gutmachst, wird Gott Dich wieder auf den Weg stellen, um Dein Ziel zu erreichen. Vielleicht ist er diesmal wegen der verpaßten Gelegenheiten nicht so angenehm, aber Du darfst sicher sein, Gott wird Dich weiter auf dieses Ziel hin leiten.

Prinzip: **Gott hat ein Lebensziel für Dich gesetzt. Jeder Tag kann Dich diesem Ziel näher bringen. Deine geistliche Trägheit oder Eifer und Konsequenz in der Nachfolge können diesen Weg behindern oder beschleunigen. Es gibt nicht nur einen Weg auf das Ziel zu. Wenn du den Weg verfehlt hast und Buße tust, wird Gott Dir einen neuen Weg zeigen.**

Wie sieht nun das Reden Gottes aus, mit dem er uns seine wegweisende Führung direkt in unsere aktuelle Situation hinein offenbaren will? Es gibt sicherlich keine Methoden, die man einfach wie bei einem Computer abtastet, um dann die Ergebnisse vorliegen zu haben, aber man kann ganz sicher von Leitgedanken oder Prinzipien sprechen, die helfen, den Willen Gottes für eine konkrete Situation zu erkennen.

Gottes Reden ist vielfältig und läßt sich nicht in ein Schema pressen. Es kann sein, daß Gott Dir etwas klar machen will, indem Dir immer wieder der gleiche Gedanke kommt, oder andere Christen Dich unabhängig von einander auf die gleiche Sache ansprechen. Du findest eine Bestätigung während Du die Bibel liest, ein tiefer Unfriede hält Dich ab etwas zu tun, oder eine gute Gelegenheit macht Dir deutlich, daß Du jetzt handeln solltest. Es könnte noch viel mehr aufgezählt werden und wir sehen, daß jeder für sich zu unterscheiden lernen muß, wie diese Impulse einzuordnen sind.

Aber es gibt zusätzlich einen Weg des Redens Gottes, der alle anderen Impulse an Eindeutigkeit und Klarheit übersteigt und dessen Verheißung gerade in unser Zeitalter, in dem wir leben, fällt. Viele Christen sind sich dessen noch gar nicht bewußt geworden oder schrecken davor zurück, weil es ihnen zu gewaltig oder zu übernatürlich erscheint: Das Reden des Heiligen Geistes!

„Und es wird geschehen in den letzten Tagen, spricht Gott, daß ich von meinem Geist ausgießen werde auf alles Fleisch, und eure Söhne und Töchter werden weissagen, und eure Jünglinge werden Gesichte sehen, und eure Ältesten werden Traumgesichte haben." *Apg. 2, 16+17*

Diese Verheißung gilt also uns in den „letzten Tagen", in denen wir stehen. Gott möchte zu seinen Kindern sprechen durch Weissagungen, durch Visionen und Träume und durch das direkte Reden des Heiligen Geistes. Als Jesus die Jünger auf die Ausgießung des Heiligen Geistes zu Pfingsten vorbereitet, weist er sie schon darauf hin, daß es eine der Aufgaben des Heiligen Geistes sein wird, sie in alle Wahrheit zu leiten und ihnen das Kommende zu verkünden.

„Wenn aber jener, der Geist der Wahrheit, gekommen ist, wird er euch in die ganze Wahrheit leiten, denn er wird nicht aus sich selbst reden, sondern, was er hören wird, wird er reden, und das Kommende wird er euch verkündigen." *Joh. 16, 13*

Dir als Kind Gottes gilt die Verheißung, persönlich durch den Heiligen Geist geleitet zu werden.

Rö. 8,14 „Denn so viele durch den Geist Gottes geleitet werden, die sind Gottes Söhne."

Wenn wir anfangen die Apostelgeschichte zu studieren, sehen wir, daß sie unser großes Lehrbuch ist über Führung durch den Heiligen Geist.

Der Kämmerer aus Äthiopien hätte nicht zum Glauben an Jesus gefunden, wenn Philippus nicht fähig gewesen wäre, auf die Stimme des Heiligen Geistes zu hören.

Apg. 8,29 „Der Geist aber sprach zu Philippus: Tritt hinzu und schließ dich diesem Wagen an!"

Als Paulus, überführt durch die Erscheinung Jesu, in Damaskus auf den Knien liegt und betet, suchte Gott einen Mann, der bereit wäre in dieser entscheidenden Stunde zu Paulus zu eilen, um ihn aufzurichten und zu beten, damit er mit Heiligem Geist erfüllt würde.

Apg. 9, 10-18 Ananias, dieser einfache Mann, der sonst nirgendwo in der Schrift erwähnt wird, war sensibel genug, auf die Stimme Jesu in einer Erscheinung zu hören, um dann auch gehorsam zu sein, zu Paulus zu gehen.

Wie oft braucht Gott einen Boten, um einem seiner Kinder an einem anderen Ort helfen und es trösten zu können. Aber findet Gott immer jemanden, der es gelernt hat auf ihn zu hören und zu gehen? Wo sind die Menschen, die sich so von Gott gebrauchen lassen?

Apg. 10, 9-20 Wie hätte Petrus dem Kornelius die frohe Botschaft bringen können, wenn er „Verzückungen" für zu emotional und als ein Weg des Redens Gottes abgelehnt hätte?

Aber weil er seine Gebetszeiten hatte, in denen er offen war für alle Impulse Gottes, konnte der Herr zu ihm reden.

Apg. 11, 27-30 Die Christen in Judäa hätten unter großer Hungersnot gelitten, wenn nicht Agabus fähig gewesen wäre, durch den Heiligen Geist diese bevorstehende Notsituation anzuzeigen. So konnten die Christen in Antiochien Geld sammeln und als Hilfe nach Jerusalem schicken.

Sie waren über diese Art der Führung sicherlich nicht überrascht, denn schließlich hatte ihnen Jesus ja gesagt, daß der Heilige Geist ihnen „das Kommende verkündigen werde."

Als die Leiter der Gemeinde in Antiochien zusammen Gottesdienst feiern und fasten, spricht der Heilige Geist zu ihnen und sagt ihnen, daß sie Paulus und Barnabas zur ersten Missionsreise aussenden sollen. *Apg. 13, 1-3*

In Korinth hat Paulus eine schwerwiegende Entscheidung zu treffen. In der Nacht spricht der Herr zu ihm, bestätigt die Richtigkeit seines Entschlusses und tröstet ihn. *Apg. 18, 4-11*
Diesen Trost Gottes bei der Ausführung des schwierigen Missionsauftrages finden wir immer wieder. *Apg. 23, 11; 27, 33*

Aus diesem kurzen Abriß sehen wir, daß Gott uns seine Wege und Pläne mitteilen will und daß das Lernen auf das Hören der Stimme des Heiligen Geistes eine unbedingte Notwendigkeit ist für einen effektiven und vollmächtigen Dienst damals wie auch für uns heute.

Ich verstehe die Vorbehalte vieler Christen, die warnend ihre Stimme erheben und zu berichten wissen, wie oft sich Christen geirrt haben oder falsche Schlüsse gezogen und mehr Schaden als Segen gebracht haben. Natürlich, der Heilige Geist ist ein mächtiges Feuer. Wer mit dem Feuer nicht umgehen kann, wird sich daran verbrennen und kann anderen viel Schaden zufügen. Aber nur aus dem Grund, daß auch Schaden entstehen kann, werde ich mich doch nicht vom Feuer des Heiligen Geistes abwenden, sondern um so mehr allen Eifer daran wenden zu lernen, damit umzugehen, auch wenn am Anfang Lehrgeld gezahlt werden muß. Wenn Gott uns diese Art der Wegweisung zutraut, werden wir es wohl auch lernen können, nüchtern und mit großer Wachsamkeit die Prinzipien des Umgangs mit dem Reden des Heiligen Geistes zu lernen.

Prinzip: Gottes Reden ist vielfältig und kann nicht in ein Schema gepreßt werden. Aber wir haben eine Art der Führung, die gerade für unser Zeitalter gilt: Das Reden des Heiligen Geistes.
Die Apostelgeschichte ist unser Lehrbuch über Führung durch den Heiligen Geist. Das Hören auf

die Stimme des Heiligen Geistes ist eine unbedingte Notwendigkeit für einen effektiven und vollmächtigen Dienst.
Gott traut uns diese Art der Führung zu und gibt uns in der Bibel die Kriterien für den Umgang.

Der Heilige Geist ist ein subjektiver Zeuge, er spricht ganz persönlich zu Dir. Paulus beschreibt den Vorgang der *Rö. 8,16* Kommunikation so, daß der Heilige Geist sich unserem Geist bezeugt. Ganz ohne Zweifel ist das Reden des Heiligen Geistes klar und ohne Fehler. Fehler und Mißverständnisse können sich bei uns als Empfänger einschleichen. Nicht umsonst hat er den Namen subjektiver Zeuge. Sein Reden wird von mir ganz subjektiv aufgenommen, und die Verarbeitung und Wiedergabe kann subjektiv gefärbt ausgesprochen werden. Deshalb haben wir die ganz klare Ermahnung der Bibel, alles Reden des Heiligen Geistes zu prüfen. Alles subjektiv Empfangene muß an objektiven Kriterien geprüft werden!

1. Thess. 5,21 „... prüft aber alles, das Gute haltet fest."

Wir sollen keine falsche Ehrfurcht haben vor prophetischem Reden, sondern es in aller Achtung und Nüchternheit beurteilen. Es kann durchaus geschehen, daß sich bei Aussprüchen Gottes Menschliches und Göttliches vermengt. Wir haben dies zu prüfen, das Gute, das Göttliche festzuhalten und das andere zu vergessen. Paulus sagt hier nicht: Prüft aber alles, das Gute vergesset und das Schlechte erzählt weiter! Wie es vielfach die Praxis ist.

1. Kor. 14,29 „Propheten aber laßt zwei oder drei reden, und die anderen laßt urteilen."

1. Joh. 4,1 „Geliebte, glaubt nicht jedem Geist, sondern prüft die Geister, ob sie aus Gott sind, denn viele falsche Propheten sind in die Welt ausgegangen."

Wenn jeder Christ im Umgang mit dem Reden des Heiligen Geistes allein auf das Prinzip achten würde, alles zu prüfen, könnte viel Unheil vermieden werden.

Aber welche Kriterien sind uns gegeben, um das Reden des Heiligen Geistes in seiner vielfältigen Form objektiv beurteilen zu können?

Wir werden in den folgenden Kapiteln vier Prüfungskriterien erarbeiten, die bei jedem Reden des Heiligen Geistes zur Beurteilung herangezogen werden sollten. Sicherlich lassen sich für einzelne Situationen noch andere Kriterien heranziehen, aber ich halte es für besser, lieber eine kleinere, aber dafür überschaubarere Anzahl zu nennen, die man behalten kann und jederzeit anzuwenden weiß:

1. die Bibel (objektiver Maßstab)
2. der erneuerte Sinn (das Denken in Gottes Kategorien)
3. der Rat der Geschwister (das Korrektiv von außen)
4. die Umstände (das Prinzip göttlichen Eingreifens).

Diese vier Kriterien sind wie vier Positionslichter, die man auf nachtdunkler See passieren muß, um sicher in dem Zielhafen anzukommen.

Jeder subjektive Impuls des Heiligen Geistes sollte zumindest an einigen dieser Kriterien beurteilt werden. Wir sollten uns niemals von einem einzigen Impuls, wie überwältigend er auch sein mag, ohne eine Beurteilung zu einer Handlung hinreißen lassen.
Ich meine, daß folgendes biblische Gebot auch auf den Bereich der Führung anzuwenden ist:
„ . . . durch zweier oder dreier Zeugen Mund wird jeder Ausspruch festgemacht werden." *2. Kor. 13, 1*
Es ist der Fehler vieler unreifer Christen, vorschnell Schlüsse zu ziehen, wenn Gott den ersten Impuls gibt. Wir haben hier das Gebot, daß zwei oder drei Zeugen bzw. Positionslichter Bestätigung geben sollen, ehe wir einen Ausspruch als von Gott gegeben hinnehmen können.

Viel Irrtum und Verwirrung kann erspart bleiben, wenn allein dieses Prinzip eingehalten würde. Wenn der Heilige Geist gesprochen hat, muß es geprüft werden und erst die Bestätigung durch das Wort Gottes, den erneuerten Sinn, den Rat der Brüder oder die Umstände werden zeigen, ob Gott wirklich geredet hat oder ob ein Irrtum vorliegt.

Gott fängt manchmal an, uns früh auf eine Situation vorzubereiten und spricht dann auf vielerlei Weise. So wie sich ein Puzzlebild aus vielen Teilen zusammensetzen läßt, so ist es oft auch mit dem Reden Gottes, bis wir ein klares Bild haben.

Jeder von uns, der es lernen möchte durch das Reden des Heiligen Geistes geleitet zu werden, sollte sich als klares Prinzip setzen, nicht auf den ersten Impuls hin zu handeln, sondern zu warten bis weitere Positionslichter freie Fahrt anzeigen. Laßt uns deshalb aufmerksam die Bedeutung der Positionslichter durchgehen, um eine solide Grundlage für die Beurteilung des Redens des Heiligen Geistes zu haben.

Prinzip: Alles subjektiv Empfangene muß an objektiven Kriterien geprüft werden. Jeder übernatürliche Impuls sollte erst dann als von Gott angenommen werden, wenn er übereinstimmt mit den Aussagen der Bibel, dem Zeugnis des erneuerten Sinnes, dem Rat der Geschwister und den bestätigenden Umständen.
Handle niemals allein auf einen Impuls hin, sondern warte, bis weitere Positionslichter die Bestätigung geben!

DIE BIBEL – DER OBJEKTIVE MASSSTAB

4

Der Heilige Geist redet zu uns als der subjektive Zeuge. Wir haben als ein klares Prinzip gelernt, daß alle subjektiv empfangenen Impulse an objektiven Kriterien beurteilt werden müssen.
Nun, in dem Wort Gottes, in der Bibel, haben wir diesen objektiven Maßstab, an dem alle anderen Aussagen gemessen werden müssen. Das geschriebene Wort ist das oberste Kriterium, es steht über dem gesprochenen Wort.

Die Bibel erklärt uns, daß die prophetischen Bücher entstanden sind, weil Menschen von Gott her redeten „getrieben vom Heiligen Geist". *2. Petr. 1, 21* Jesus sagt seinen Jüngern in bezug auf das Neue Testament, daß der Heilige Geist sie an alles erinnern wird, was er zu ihnen gesagt hat. *Joh. 14, 26* Deshalb wissen wir, daß die Worte des Neuen Testamentes unter der Führung des Heiligen Geistes geschrieben wurden.
„Alle Schrift ist von Gott eingegeben . . . " *2. Tim. 3, 16* Der gleiche Heilige Geist, der die Schreiber der Bibel inspiriert hat, spricht durch die verschiedenen Gaben zu uns als subjektiver Zeuge. Er wird sich niemals zu dem von ihm inspirierten Wort widersprechen oder darüber hinausgehen, sondern nur bestätigen oder eine bestimmte Wahrheit für Deine Situation betonen von dem, was schon aufgeschrieben in der Bibel offenbart ist.
Es ist ein hartes Urteil, aber jeder der zu Dir kommt und behauptet, der Heilige Geist hätte ihm ein neues Licht gegeben und etwas Zusätzliches offenbart, der sei verflucht.
„Wenn aber auch wir oder ein Engel aus dem Himmel euch etwas als Evangelium entgegen dem verkündigen, was wir euch als Evangelium verkündet haben: er sei verflucht!" *Gal. 1, 8*
Dieser Vers ist das Gerichtsurteil über die zahllosen Sekten und Grüppchen, die ihre Zusatzwahrheiten neben

der Bibel haben, die vielleicht religiös klingen mögen, aber nicht mit dem Evangelium übereinstimmen. Wir müssen
2. Kor. 11,14 vorsichtig sein: Satan kann die „Gestalt eines Engels des Lichts" annehmen und selbst Bibelstellen falsch oder aus dem Sinnzusammenhang gerissen zitieren. Die Versu-
Lk. 4,1-13 chungsgeschichte Jesu malt uns das deutlich vor Augen, und es ist faszinierend zu lesen, mit welcher Schlagfertigkeit und Weisheit Jesus Satan von der Bibel her zu antworten weiß.

Ich kann mir vorstellen, daß einigen jetzt ganz unwohl zu Mute ist und sie denken, wenn das so ist, dann laß ich lieber die Finger davon. Ich habe einen besseren Vorschlag: nimm Dir die Bibel und gute bibeltreue Sekundärliteratur, und fang an das Wort Gottes zu studieren, wie Du es noch nie zuvor in Deinem Leben getan hast, und Du wirst merken, daß Du sehr wohl beurteilen kannst, ob die Impulse aus Deiner Phantasie, von Satan oder vom Heiligen Geist inspiriert waren.

Der Umgang mit dem Übernatürlichen ist wie ein Feuer; nur gründliche und fundierte Bibelkenntnis kann uns vor Fehlern bewahren.

Die Haltung mancher Christen, die sagen: „Ich habe den Heiligen Geist, wozu brauche ich noch die Bibel? Er wird mir schon alles sagen, was ich benötige", ist unbiblisch, falsch und wird sie zum Schluß in die Irre führen.

Daniel, der wohl mehr vertraut war mit dem Reden Gottes
Dan. 9,1-3 durch Träume und Vision als irgendeiner von uns, sollte uns hier ein Vorbild sein. Bevor er sich aufmachte, eine übernatürliche Weisung Gottes zu empfangen, forschte er
Dan. 9, 21+22 in der Schrift und lernte daraus, was es nur zu lernen gab. Wir lesen dann, daß der Engel Gabriel kam und ihm Verständnis gab über das, was er in der Schrift nicht verstand. Es sollte Dein oberstes Ziel sein, die Bibel zu studieren, bevor Du Dich weiter damit abgibst, offen für das Reden des Heiligen Geistes zu sein.

Prinzip: Jeder übernatürliche Impuls muß von der Bibel als objektiver Maßstab beurteilt werden. Da es der gleiche Heilige Geist ist, der die Bibel inspiriert hat, wird er sich niemals widersprechen. Jede Aus-

sage, die von der Wahrheit der Bibel abweicht oder darüber hinausgeht, muß als falsch abgelehnt werden.
Ohne gründliche Bibelkenntnis ist keine Beurteilung möglich und das Befassen mit dem Reden des Heiligen Geistes gefährlich.

Wenn Du dieses Prinzip beherzigst und lernst, die biblischen Wahrheiten aufzunehmen und danach zu leben, wirst Du merken, daß Du nach vielen Dingen gar nicht mehr zu fragen brauchst, weil sie schon längst in der Bibel offenbart sind als eine klare Lebensregel.
Da fragt sich ein gläubiger junger Mann, ob er weiterhin Kontakt zu seiner ungläubigen Freundin halten und sie heiraten dürfe. Er macht sich viel Kopfzerbrechen, betet, fragt andere um Rat und wundert sich vielleicht, daß trotz all seines Bittens Gott nicht mit klarer Stimme zu ihm spricht. Dabei hat Gott doch seine Weisung dazu schon klar in der Bibel festgelegt.
So ist es mit allen Dingen, die den christlichen Lebensstil betreffen. Ich würde sagen, mindestens 70% aller Fragen zur Führung werden wir in der Bibel beantwortet finden. Wenn Du nur einmal anfängst, die Bibel mit wachen Augen zu lesen, wirst du merken, wie aktuell sie in Deine persönlichen Fragen hinein Antwort gibt.
Manche Christen haben keine Lust zum Bibellesen und bemühen sich mit allerlei fragwürdigen Praktiken, den Willen Gottes herauszubekommen zu Dingen, die längst klar offenbart sind oder bemühen sich, von Gott eine „Ausnahmebewilligung“ zu bekommen, obwohl die Bibel etwas anderes sagt. Dieses beständige Nachfragen zu Dingen, die schon klar sind, führt höchstens dahin, daß wir die Wünsche unserer Phantasie oder die Einflüsterungen Satans für das Reden Gottes halten und ihnen mehr glauben, als den Aussagen der Bibel.
Gott erwartet, daß wir erst lernen und beherzigen, was er schon in der Bibel geoffenbart hat, ehe er uns weitere Führung geben will. Führung empfangen wir in erster Linie aus der Bibel, und wenn wir darüber hinaus etwas brauchen, wird Gott es uns auf andere Weise zeigen.

Natürlich finden wir nicht immer exakte Antworten auf Entscheidungen, die wir in unserer konkreten Situation in bezug auf Beruf, Ehe, Geldverwaltung, Erziehung u. a. fällen müssen. Aber das Vorfeld für diese Entscheidungen wird durch die biblischen Prinzipien und mein biblisch geschultes Denken geklärt. Auf dieser soliden Grundlage wird es mir leichter fallen herauszufinden, was der Heilige Geist zu einer speziellen Entscheidungssituation zu sagen hat.

Prinzip: Die meisten unserer Fragen in bezug auf Führung finden wir in der Bibel beantwortet. Zuerst haben wir zu studieren, was die Bibel zu unseren Anliegen zu sagen hat und das auch zu beherzigen, ehe wir Gott bitten, uns auf andere Weise seinen Willen zu offenbaren.
Wenn unser Denken durch die biblischen Aussagen geschult ist, wird es uns leichter fallen, herauszuhören, was der Heilige Geist zu sagen hat.

Ich möchte noch ein weiteres Problem anschneiden, wenn wir uns schon mit dem Thema der biblischen Wegweisung befassen.
Wir mögen die Bibel lesen und doch nicht verstehen, was Gott zu sagen hat, weil unsere Vorurteile, falsche Traditionen oder Erziehung uns stark beeinflussen. Wenn wir nicht aufpassen, werden wir mehr von diesen Dingen, als vom Wort Gottes geleitet werden. Unser überkommenes Denkschema kann wie eine Mauer sein, die die ursprünglichen Gedanken Gottes nicht durchläßt. Laßt uns das beim Lesen der Bibel immer berücksichtigen und als Gebetshaltung haben, daß der Heilige Geist uns das Wort Gottes richtig aufschließen kann.
Mt. 28, 19 Ein Beispiel: Die Jünger hatten im Missionsbefehl das Gebot Jesu „alle Nationen zu Jüngern zu machen". Sie hatten das sehr wohl registriert, wie wir wohl auch manches aus dem Wort Gottes registrieren, aber trotzdem richtete sich aufgrund ihrer Tradition und ihres tiefverwurzelten Vorurteils gegen Heiden die evangelistische Tätigkeit zunächst nur an die Juden. Als der Heilige Geist Petrus diese längst

offenbarte Wahrheit durch eine Vision wieder in Erinnerung rufen will, tut sich Petrus sehr schwer anzuerkennen, was Gott schon längst gesagt hat. *Apg. 10, 9 ff.*

So auch mit uns; wir tun uns oft so schwer anzuerkennen, was Gott eigentlich so klar und unmißverständlich in der Bibel geoffenbart hat. Unsere Argumente und Ausflüchte machen einfache Aussagen für uns zum Problem. Wie kann sich doch die Diskussion erhitzen, wenn das Thema auf Krankenheilung, Wassertaufe oder Taufe in den Heiligen Geist kommt. Wie oft sind unsere Auslegungen emotional geladen und beeinflußt durch persönliche Erfahrungen positiver oder negativer Art, falsche Traditionen und Vorurteile.
Jesus hat gerade zu diesem Thema einiges zu sagen und fällt ein hartes Urteil: „ . . . indem ihr das Wort Gottes ungültig macht durch eure Überlieferung, die ihr überliefert habt, und Ähnliches dergleichen tut ihr viel!" *Mk. 7, 13*

Paß auf, daß Du das Wort Gottes nicht ungültig machst für Deine persönliche Situation. Pick Dir nicht nur Lieblingsaussagen heraus, die in Dein Denkschema passen, sondern verschaffe Dir einen Überblick zu allen Aussagen über ein Thema.

Wenn Du wirklich mit Gott leben willst, mußt Du bereit sein, Deine Traditionen und Dein bisheriges christliches Selbstverständnis an der Heiligen Schrift neu zu durchdenken und zu überprüfen.

Prinzip: Sei Dir beim Lesen der Bibel bewußt, daß Vorurteile, falsche Traditionen oder Erziehungseinflüsse Dich hindern können aus der Bibel herauszulesen, was Gott wirklich gemeint hat, und schule Dich, jede Aussage in ihrem Kontext so zu nehmen, wie sie einfach und wörtlich niedergeschrieben ist.

5 DER ERNEUERTE SINN – DAS DENKEN IN GOTTES KATEGORIEN

Das Problem vieler Christen ist, daß ihre persönlichen Gedanken, Wünsche und Pläne in eine ganz andere Richtung laufen als Gottes Gedanken, Wünsche und Pläne. Hier finden wir die Ursache für die vielen Mißverständnisse bei dem Bemühen um den Willen Gottes.

Gott denkt anders als wir es gewohnt sind zu denken!

Jes. 55, 8 „Denn meine Gedanken sind nicht eure Gedanken, und eure Wege sind nicht meine Wege, spricht der Herr."

Um diesen Widerspruch des Denkens aufzulösen, müssen wir es lernen, unser egozentrisches menschliches Denken abzulegen und in Gottes Kategorien zu denken. Dieser Vers aus Jesaja sollte Dir Anlaß geben zu dieser Bitte: Herr, hilf mir zu sehen und zu denken wie du siehst und denkst. Denn wenn Du gelernt hast, so zu denken wie er denkt, wird es Dir leichter fallen, so zu handeln wie er handeln würde.

Gottes Gedanken sind nicht so hoch und weit, daß wir sie nicht erfassen können. Wir dürfen davon ausgehen, daß er sie für unser menschliches Verständnis kundtun möchte:

Amos 4, 13 „Denn siehe, der die Berge bildet und den Wind schafft, und dem Menschen kundtut, was sein Gedanke ist, ..."

Paulus sagt, daß unser Sinn erneuert werden muß, damit wir den Willen Gottes erkennen können.

Rö. 12, 2 „Und seid nicht gleichförmig dieser Welt, sondern werdet verwandelt durch die Erneuerung des Sinnes, daß ihr prüfen mögt, was der Wille Gottes ist: das Gute und Wohlgefällige und Vollkommene."

Mit diesem Vers sind wir bei unserem Thema. Es geht um den Willen Gottes und darum, wie wir prüfen können, ob nun tatsächlich Gott gesprochen hat oder nicht. Es werden

uns zwei Voraussetzungen genannt, um in die Fähigkeit, den Willen Gottes zu erkennen, hineinwachsen zu können.
Als erstes geht es um unser Verhalten. Wir sollen dieser „Weltzeit nicht gleichförmig sein." Vor unserer Entscheidung für Jesus war unser Handeln konform mit gängigen Verhaltensmustern und Modetrends unserer Umgebung. Jetzt, wo wir „versetzt sind in das Reich des Sohnes *Kol. 1,13* seiner Liebe" und unter der Leitung des Heiligen Geistes stehen sollen, erwartet Paulus, daß wir uns nicht mehr konform den Verhaltensnormen dieser Welt verhalten, sondern ein neues Verhalten an den Tag legen, das den Prinzipien der Bibel entspricht. Ich kann mit meinem Geld nicht mehr so umgehen wie vorher, weil ich in der Bibel gelesen habe, daß Gott mindestens der 10. Teil meines *Mal. 3,7ff.* Einkommens zusteht. Meine Zeit kann ich nicht mehr so *Kol. 4,5* gedankenlos verschwenden, sondern habe sie in Weisheit einzuteilen. In meinem Erziehungsstil und wissenschaftlichen Denken muß ich mich vielleicht ganz neu von der *Eph. 6,* Bibel her orientieren, weil ich merke, daß viele Lehrsätze *1-4* nichts anderes zur Basis haben als Gottesfeindlichkeit. „Seht zu, daß niemand euch einfange durch Philosophie *Kol. 2,8* und leeren Betrug nach der Überlieferung der Menschen, nach den Elementen der Welt und nicht Christus gemäß."

Wenn Du Christ geworden bist, wirst Du in ein gesundes geistliches Wachstum treten unter der Belehrung des Heiligen Geistes, der Dich Schritt für Schritt in die „Wahrheit" *Joh. 16,13* führen wird und erwartet, daß Du Dein Handeln entsprechend darauf einstellst. Du wirst erkennen wie vieles, was Dir vorher selbstverständlich war, „nicht Christus gemäß" ist, aber daß dagegen „alle Schätze der Weisheit und Er- *Kol. 2,3* kenntnis in Christus verborgen sind."
Dein ganzes Verlangen wird darauf hinausgehen, Jesus zu *Phil. 3,7-8* erkennen und seine „Gesinnung" in Dich aufzunehmen. *Phil. 2,5*

Damit sind wir bei der zweiten Voraussetzung, die Paulus nennt, damit wir den Willen Gottes zu prüfen vermögen: „Verwandlung durch die Erneuerung des Sinnes"!
Das sollte jedem klar sein: Ohne eine grundlegende Änderung in Deinem Verhalten und Denken wird es Dir nicht

möglich sein, zuverlässig den Willen Gottes herauszufinden!
Wir müssen verwandelt werden durch die Erneuerung unseres Sinnes, bzw. unseres Denkapparates. Eine Gehirnwäsche im guten Sinne muß durchgeführt werden: alle unreinen, lästerlichen, egoistischen, lieblosen, nichtsnutzigen Gedanken müssen herausgespült werden und mit denen Gottes ersetzt werden: mit guten, wohlgefälligen und vollkommenen Gedanken.
Das Mittel, das uns Gott dazu gegeben hat, ist sein Wort, die Bibel. In der Bibel finden wir Gottes Weisheit, seine Fähigkeiten, seine Gedanken und Ausdrucksformen.

Jos. 1, 8 „Dieses Buch des Gesetzes soll nicht von deinem Munde weichen, und du sollst darüber sinnen Tag und Nacht, auf daß du darauf achtest, zu tun nach allem, was darin geschrieben ist; denn alsdann wirst du auf deinem Wege Erfolg haben, und alsdann wird es dir gelingen."
Gott nennt Dir hier eine gewaltige Verheißung: Gelingen und Erfolg zu haben auf dem Weg, den Du gehen sollst! Wer möchte das nicht in seiner Nachfolge! Aber wie so viele Verheißungen Gottes ist auch diese eine bedingte Verheißung. Zwei Bedingungen werden genannt, die Du einzuhalten hast, damit die köstliche Verheißung auch in Deinem Leben wahr werden kann: Einmal beständig über Gottes Wort nachzusinnen und dann, das zu tun, was Dir darin für Dich klargeworden ist! Sicherlich ein hoher Anspruch. Aber bist Du nicht bereit, diesen Preis zu zahlen, damit Du Deinen Weg durch dieses Leben voller Erfolg gehen kannst? Das neue Leben in Christus ist ein Gnadengeschenk, aber bei den weiteren Verheißungen möchte Gott, daß Du erst Deinen Teil tust, ehe er seinen beiträgt.

Ps. 1, 1-3 „Glückselig der Mann, der nicht folgt dem Rat der Gottlosen, den Weg der Sünder nicht betritt und nicht im Kreis der Spötter sitzt, sondern seine Lust hat am Gesetz des Herrn und über sein Gesetz sinnt Tag und Nacht! Er ist wie ein Baum, gepflanzt an Wasserbächen, der seine Frucht bringt zu seiner Zeit, und dessen Laub nicht verwelkt; alles, was er tut, gelingt ihm!"
Je mehr wir seine Gedanken in uns aufnehmen, je mehr wir uns in Gottes Gedanken üben und davon durch-

tränkt sind, desto mehr gehen seine Gedanken und seine Wesensart auf uns über, bis wir tatsächlich merken, daß wir anfangen in Gottes Kategorien zu denken. Wenn Gottes Wort anfängt unser Denken und Verhalten zu bestimmen, sind wir auf dem besten Weg, daß „Gottes Gedanken unsere Gedanken werden und seine Wege unsere Wege werden", einfach weil die „Gesinnung Jesu" die unsrige geworden ist und wir ohne groß zu reflektieren das tun, was Jesus auch getan hätte.

Prinzip: Ohne eine grundlegende Wandlung in Deinem Verhalten und Denken wird es nicht möglich sein, zuverlässig den Willen Gottes herauszufinden. Dein Sinn muß erneuert werden durch das Aufnehmen des Wortes Gottes und dem entsprechenden Handeln. Wenn Du es gelernt hast in Gottes Kategorien zu denken, wird Führung kein Problem mehr sein.

Vergiß niemals, daß Gott Dich als einen Partner geschaffen hat und nicht als Roboter. Er hat Dir einen freien Willen und Intelligenz gegeben und als Korrektiv das Gewissen. Nur Marionetten sind total abhängig von dem Zug des Seiles, an dem sie hängen. Gott ist Dein Vater und möchte Dich lehren, Verantwortung zu tragen. Wenn Du ein klares Ziel von ihm bekommen hast, brauchst Du nicht bei jeder Kleinigkeit anzuhalten, Zeit zu verschwenden und nach Anweisungen zu fragen, sondern Du kannst Deinen erneuerten Sinn gebrauchen, von dem Du weißt, daß er es gelernt hat, in Gottes Kategorien zu denken.

Ich als Vater würde es als äußerst lästig empfinden, wenn meine Kinder, nachdem ich ihnen den Auftrag gegeben hätte, im Garten aus Abfallbrettern eine Bude zu bauen, alle fünf Minuten das Werkzeug zur Seite legen und fragen würden: Sind die Nägel lang genug? Darf ich dieses Brett nehmen? Ist dieser Balken dick genug? usw. Manchmal würde ich ihnen Antwort geben und manchmal nicht, einfach aus dem Grunde, damit sie sich mal hinsetzten und selbst nachdenken, was zu tun sei, denn schließlich hätte ich ihnen den Auftrag nicht gegeben, wenn ich es ihnen nicht zugetraut hätte.

Am meisten hätte mir das Kind Freude gemacht, das erst alles Werkzeug und Material zusammengesucht hätte, um danach nach einem Plan anzufangen. Bei seiner Arbeit wäre ich von hinten herangetreten und hätte leise gesagt: Meinst du wirklich, daß der Balken das Gewicht tragen wird? Ob es nicht schöner aussieht, wenn du das neue Brett nimmst? u. a. Ohne sich umzudrehen und fleißig arbeitend, hätte es die Vorschläge durchdacht und angenommen und vielleicht erwidert: Papa, meinst du nicht auch, daß diese Bretter für das Dach besser geeignet sind. Ich glaube, ich nehme sie. Da es keine negative Antwort hinter sich hört, fährt es fort so zu arbeiten.
Genau dieses feine Vater-Kind-Verhältnis dürfen wir auch in bezug auf Führung in unserem Leben erwarten. Gott gibt uns das Ziel und freut sich, wenn wir Verantwortung tragen können. Geh nicht den Irrtum ein, daß Du meinst, je näher Du zu Gott wächst, um so direkter wirst Du geleitet in allem, was Du tust. Während Du auf dem Weg bist ist es sogar möglich, daß Du mit Deinem erneuerten Sinn Gott Vorschläge machst und seine Zusagen dazu einholst.

Mir fällt oft etwas ein, wenn ich Entscheidungen zu treffen habe. Ich bete dann darüber und spreche mit meinem himmlischen Vater: „Findest du nicht auch, daß dies eine gute Idee ist? Sollten wir nicht in dieser Richtung weitermachen?“ Oft verspüre ich eine Zustimmung und weiß, daß mein erneuerter Sinn mich auf diese Gedanken geführt hat.

Eins erwartet Gott allerdings wenn wir mitdenken und mitplanen, nämlich, daß wir ständig sensibel genug sind für seine Wegkorrekturen und akzeptieren, daß seine Wege manchmal sämtlicher menschlicher Vernunft und logischem Denken widersprechen.

Prinzip: Gott hat Dich als Partner und nicht als Roboter geschaffen. Er möchte Dich lehren, in Deinem er-

neuerten Sinn mitzudenken und Verantwortung zu tragen. Wenn Du Deine Aufgabe bekommen hast, darfst Du zuversichtlich auf das Ziel zuarbeiten, wenn Du dabei stets für Gottes Wegkorrekturen offen bleibst.

Es ist also ein Irrtum zu meinen, daß wenn wir uns mit Gottes Führung durch den Heiligen Geist einlassen, wir unseren Verstand an der Garderobe zurücklassen müssen. Natürlich können wir uns nicht auf unseren alten Verstand, auf unser herkömmliches Denken und Planen stützen, sondern müssen erneuert werden in unserem Sinn, ehe wir dies als Führungskriterien annehmen können.

„Vertraue auf den Herrn mit deinem ganzen Herzen, und stütze dich nicht auf deinen Verstand. *Spr. 3, 5 + 6*
Erkenne ihn auf allen deinen Wegen, und er wird gerade machen deine Pfade."

In diesen zwei Versen haben wir noch einmal eine Zusammenfassung des bisher gesagten. Die Betonung liegt hier auf „deinen". Wir müssen Weisheit von Gott empfangen und dürfen uns gewiß nicht auf „unseren" alten Verstand verlassen.

Während wir in Bewegung sind auf dem Weg, den Gott uns gegeben hat, haben wir immer zu reflektieren, ob wir Gott neben uns erkennen können. Die folgende einfache kindliche Frage kann uns bei unserem Tun sehr helfen: Kann Jesus hier dabei sein? Kann ich ihn an diesem Ort, bei diesem Handeln neben mir erkennen? Oder müßte Jesus stellvertretend für mich einen roten Kopf bekommen, weil mir die Lügen und Ausflüchte zu schnell über die Lippen kommen?

Die Bibel macht klar, daß wir Weisheit erwarten sollen und daß diese Weisheit uns leiten wird.

„Mein Sohn, laß sie nicht von deinen Augen weichen, bewahre klugen Rat und Besonnenheit; so werden sie Leben sein für deine Seele und Anmut deinem Halse. Dann wirst du in Sicherheit deinen Weg gehen, und dein Fuß wird nicht anstoßen." *Spr. 3, 21-23*

Wenn er spricht, dann ist es eine dringende, zwingende Stimme, die Furcht aussät, blinden Gehorsam fordert und am Nachdenken hindern will. Die fordernde Stimme, die Dich drängt, ist immer die des Feindes.
Jesus dagegen bezeichnet sich als der gute Hirte, der seinen Schafen vorangeht und dem die Schafe von sich aus folgen. „. . . er geht vor ihnen her, und die Schafe folgen ihm, weil sie seine Stimme kennen.“ *Joh. 10, 4*

Es sollte Dir jetzt leicht fallen, die Stimme Satans von der Stimme Jesu zu unterscheiden. Wenn Jesus spricht, ist es niemals zwingend oder drängend. Satan drängt, Jesus führt. Jesus wird Dir Zeit zum Nachdenken lassen, er fordert keinen blinden Gehorsam und übergeht niemals unseren Willensapparat. Wenn er spricht, ist es wie der Vorschlag eines guten Freundes. Du wirst darüber nachdenken können und dann sagen: Ja, Herr, ich werde es tun.
Satan versucht die Menschen zu Medien zu machen, die keinen freien Willen mehr haben, sondern von dämonischen Mächten unter Ausschaltung ihres Denkprozesses in ihrem Denken und Verhalten gesteuert werden. Gott hat den Menschen als Partner mit einem freien Willen geschaffen und wird diesen Willen nie übergehen und den Menschen immer so begegnen.
Ausdrücke wie „ich konnte nicht anders“ oder „ich mußte es tun“ gibt es im christlichen Vokabular nicht. Entweder wurden diese Ausdrücke unüberlegt ausgesprochen oder bei dem Menschen liegt ein ernsthaftes Problem vor. Gott veranlaßt uns nicht etwas zu tun, ohne daß wir unser Ja gesagt haben. Er ist unser Helfer, d. h. er hilft uns, unsere Entscheidungen richtig zu treffen. „Der Herr ist mein Helfer, ich will mich nicht fürchten.“ Ich habe diesen Punkt so betont, weil gerade bei Fragen zur Führung bei vielen Christen ein unklares Konzept vorliegt. *Hebr. 13, 6*

Neulich erzählte mir ein neu bekehrter Christ: „Seit einigen Wochen führt mich Gott auf phantastische Weise. Er leitete meine Schritte durch die Wohnung und in den Garten und sagte mir, was ich zu tun hätte. Als ich vor einem Rosenbusch stand, lenkte er meine Hände zu den Blüten, die ich beschneiden sollte und ließ mich an den anderen vorübergehen. Am Abend führte er meine Hände am Bücherregal entlang und ließ mich das Buch greifen und aufschlagen, was ich lesen sollte. Am nächsten Tag prüfte er meinen Gehorsam. Obwohl es ein kalter Tag war, sagte er mir, er wolle meinen Gehorsam in den kleinen Dingen sehen und befahl mir, in Sommerkleidung auf dem Fahrrad durch die Straßen zu fahren." In diesem Stil fuhr er noch eine Weile fort. Es kostete einiges, bis wir im Gespräch die Kriterien der Führung Gottes erarbeitet hatten und die Einsicht da war, daß hinter dieser „phantastischen Führung" die zerstörerische Absicht Satans stand.

Noch einmal: Satan drängt, zwingt und möchte uns keine Zeit zum Nachdenken lassen bei seinem Ziel, uns zu verwirren und zu zerstören. Gott leitet, führt und hilft uns. Er behandelt uns als Partner und übergeht niemals unseren freien Willen.

Aus meiner seelorgerlichen Erfahrung weiß ich, daß gerade Christen mit Drogenerfahrung oder okkulter Vergangenheit besonders in der Gefahr stehen, göttliche Impulse mit dämonischen zu verwechseln. Ihre Übersensibilität für das Dämonische aus ihrer nichtchristlichen Vergangenheit ist eine tiefe Wunde, die erst verheilt werden muß. Mein aufrichtiger Ratschlag für Christen mit dieser Vergangenheit ist, sich für eine geraume Zeit nur an der Bibel zu nähren, Führung aus dem Wort Gottes zu suchen, im Gespräch mit erfahrenen Christen zu bleiben und sich gegen übernatürliche Impulse zu sperren, bis diese Wunde verheilt ist und sie
Hebr. 5,14 erfahrener sind in der Unterscheidung der Impulse. „Die feste Speise aber ist für Erwachsene, die infolge der Gewöhnung geübte Sinne haben zur Unterscheidung des Guten wie auch des Bösen."

Trotzdem ist es so, daß jeder, der bewußt mit der Führung Gottes leben möchte, Störaktionen Satans nicht ausschalten kann und die Fähigkeit haben muß, sie zu entlarven.

Es war wenige Tage vor einer Abreise in ein Land hinter dem Eisernen Vorhang, bei der wir Christen besuchen wollten. Nach einer Veranstaltung kam jemand zu mir und sagte, er hätte einen Traum über mich gehabt. Da er wußte, daß ich eine nicht ungefährliche Reise vor mir hätte, hätte er keine Ruhe, müßte sich entlasten und ihn mir erzählen. Was er mir erzählte, ließ mir eine Gänsehaut wachsen: Er sah mich, wie ich von Beamten eines kommunistischen Landes verhört und gefoltert wurde, aber auch ohne großen Schaden wieder entlassen wurde. Mit diesen unheilvollen Worten entließ er mich für die Reise. Ich war damals noch nicht so erfahren in der Beurteilung übernatürlicher Impulse. Zuerst überlegte ich, ob ich zu Hause bleiben sollte. Ich hatte Angst und machte mir Sorgen um meine Familie. Aber als ich das bisherige Reden Gottes zu dieser Reise durchreflektierte, fiel mir auf, daß die Monate hindurch nur lückenlos Bestätigungen und Mittel für die Reise kamen, eingebettet in dem inneren Frieden, im Willen Gottes zu sein. Keinmal kam ein warnender Impuls, nur dieser eine, wenige Tage vor der Reise. Ich beschloß trotzdem zu fahren, wachsam zu sein und es keinem meiner Begleiter zu erzählen, um sie nicht in Sorge zu bringen. Der Besuch verlief erfolgreich, und es zeigte sich, daß es genau richtig war, hinzufahren.

Hinterher mußte ich viel über diesen Traum nachdenken und versuchte ihn geistlich einzuordnen. Ich kam zu keinem anderen Entschluß, als daß es ein Störversuch Satans war, der Furcht säen wollte, um uns vor der Reise zurückzuhalten oder zumindest übervorsichtig zu machen, damit wir nicht in Vollmacht das Wort Gottes verkündigten.

Aber wie hätte ich mich verhalten, wenn ich von jemand anders eine ähnliche Vision oder Traum gehabt hätte? Nur zu verständlich, daß sich diese Person entlasten und von ihrer Verantwortung befreien wollte. Wie verhält man sich, wenn man meint, für jemand anders eine Botschaft zu haben und gerade dann, wenn sie negativ ist?

Als erstes hätte ich mir den ganzen Werdegang des Redens Gottes für diese Reise erzählen lassen, alle Einzelheiten der Führung. Wenn die ganze Vorgeschichte schon verworren und mit anderen Warnungen versehen wäre, hätte ich meine Warnung dazu gegeben. Wenn alles positive Impulse gewesen wären, hätte ich, wohlgemerkt drei Tage vor der Reise, geschwiegen, es aber als ein Zeichen verstärkter satanischer Attacken dieser Reise gegenüber gewertet. Dann hätte ich andere Christen informiert und während der ganzen Reise gebetet und eventuell auch gefastet. So wie die Situation war, wäre es besser gewesen, der Reisegruppe diese Sorge zu ersparen, sie dafür aber unter einen kräftigen Gebetsschutz zu nehmen.

Bei Impulsen positiver und auferbauender Art ist die Situation nicht so kritisch. Häufig haben wir einen Impuls jemanden zu besuchen, einen Brief zu schreiben, jemanden eine bestimmte Summe Geld zu geben oder einen Bibeltext zuzusprechen.
Mein Vorschlag ist folgender: Solange der Impuls dem anderen nicht schadet oder Peinlichkeiten bereitet, geh diesem Impuls nach. Mach den Besuch, verschenke das Geld. An der Reaktion des anderen wirst Du sehen, ob Du es Dir eingebildet hattest oder ob es von Gott kam. Durch diese „Versuch und Irrtum Erfahrungen" wirst Du mit der Zeit die Stimme Gottes heraushören lernen.
Als ich einmal in meinem Arbeitszimmer über meinen Büchern saß, kam mir der Gedanke: leg die Bücher zur Seite und fahre zur Kaffeetweete – einer therapeutischen Wohngemeinschaft –, du wirst dort gebraucht! Seltsam, ich befaßte mich mit englischer Grammatik und dann dieser Impuls. Ist so das Reden Gottes, schoß es mir durch den Kopf? Außer, daß ich Zeit verliere, würde es keinem schaden, wenn ich dort vorbeiführe, um die Echtheit dieser Stimme zu prüfen. Ich fuhr hin und ging auf das Haus zu, als die Tür aufgerissen wurde, einer der Gäste aus dem Haus stürzte und mir direkt in die Arme lief. Als er mich erkannte, brach er in Tränen aus und stieß hervor, daß er im Begriff war alles hinzuschmeißen und fortzulaufen. Ich nahm ihn väterlich fest in meinen Arm, wir setzten uns hin, sprachen seine Situation durch, beteten zusammen und er blieb.

Gott hat den Überblick über die Kinder in seiner Familie. Er sieht alle Nöte, er empfängt alle Gebete und hält Ausschau nach denen unter seinen Kindern, die sensibel genug sind, seine Stimme zu hören und sich als Boten senden zu lassen. Hast Du Dir schon einmal Gedanken gemacht, was Gott tun kann, wenn jemand krank im Bett liegt und aufschreit zu Gott: Herr, ich brauche einen Menschen mit dem ich mich unterhalten kann. Seit Wochen bin ich allein. Was wird Gott tun? Natürlich möchte er das Gebet erhören, und er sucht einen Menschen mit einem offenen Ohr, der hören kann und helfen möchte.

Schon deshalb solltest Du auf solch einen Impuls eingehen, denn Du kannst die Gebetserhörung eines anderen werden, so wie Petrus die Gebetserhörung von Cornelius und Ananias die Gebetserhörung von Paulus wurden. Beide waren Männer, geschult auf das Reden Gottes und bereit, in seinem Namen zu handeln.

Ein junger Christ kam eines Abends niedergeschlagen zu mir: „Seit Wochen arbeite ich im Evangelisationsdienst für den Herrn. Alles geschieht vollzeitig und im Glauben. Heute morgen ist mir das Geld ausgegangen und ich wußte nicht, wovon ich etwas zu essen kaufen sollte. Ich brachte die Not vor meinen himmlischen Vater und bat ihn, mir heute irgendwie fünf DM zukommen zu lassen. Nichts ist geschehen!“

Da saß er nun mit hängendem Kopf. Warum hat Gott nicht gehandelt, fragte er sich. War ich ungehorsam? Habe ich nicht in seinem Willen gehandelt? Möchte Gott meine Treue prüfen? Will er, daß ich verzichten lerne usw.? Er zählte mir alle diese Fragen auf. Jede von ihnen könnte zutreffen. Aber mir kam noch eine: Hatte Gott vielleicht den ganzen Tag Ausschau gehalten nach einem seiner geschäftigen Kinder, das bereit war, die Botschaft aufzunehmen, daß jemand 5 DM brauchte und sie ihm dann auch zu geben?

Gott braucht Menschen, die es gelernt haben seine Stimme

zu hören und sich von ihm senden zu lassen, um so eine Gebetserhörung anderer zu sein.

Prinzip: Überprüfe, wie Dir ein Impuls gegeben wird und was dessen Endziel ist. Ist es eine drängende, zwingende Stimme oder wie der wohlmeinende Ratschlag eines guten Freundes? Satan kann niemals den „Frieden des Christus“ nachahmen. Sein Endziel ist Zerrüttung und schlechte Tat, während das Ziel göttlichen Redens gute Früchte und Frieden sind.

9 VORAUSSETZUNGEN FÜR DIE FÜHRUNG DURCH DEN HEILIGEN GEIST

Wir haben schon in jedem der vorangegangenen Kapitel Voraussetzungen für die Führung durch den Heiligen Geist angeschnitten: Am Beispiel Ruth haben wir gesehen, daß die erste Voraussetzung eine konsequente Übergabe aller Lebensbereiche an Jesus ist. Wir haben gelernt, daß nur der erneuerte und durch das Wort Gottes geschulte Sinn in der Lage ist, mit dem Reden des Heiligen Geistes richtig umzugehen. Ohne die Unterordnung in den verbindlichen Kreis engagierter Christen und die Bereitschaft für Korrektur durch andere Christen laufen wir in Gefahr, in ein unbiblisches und gefährliches Einzelgängertum zu geraten. Ebenso müssen wir es gelernt haben, die verschiedenen Quellen von Impulsen nüchtern beurteilen und gegeneinander abgrenzen zu können.

Darüberhinaus gibt es noch eine Fülle von Hinweisen und Voraussetzungen in der Bibel, die beachtet werden müssen, um beständig von Gott geleitet werden zu können.
Eine der Voraussetzungen ist, viel geregelte Zeit für die Bibel und Gebet zu verwenden. Geführte Menschen waren und sind immer solche, die viel Zeit nicht nur im Reden mit Gott, sondern auch im stillen Verharren in seiner Gegenwart und Hören auf ihn verbringen.
Wir sind in unserem Denken vielfach so beschäftigt, daß selbst dann, wenn wir uns Zeit der Stille nehmen wollen, wir nicht zur Ruhe kommen können, sondern alle möglichen Termine, Telefonanrufe, Einkäufe u.a. durch unseren Kopf schießen. Es hat oft keinen Sinn dies zu verdrängen. Deshalb praktiziere ich es häufig so, daß ich die ersten zehn Minuten damit verbringe, diese geschäftlichen Dinge in meinen Terminkalender einzutragen und spüre dabei, wie der Heilige Geist mir hilft, an alles zu denken

und für die spätere Erledigung zu notieren. Danach fällt es mir leichter, mich auf Gott zu konzentrieren.

Seitdem ich bei meiner Taufe in den Heiligen Geist die Gebetssprache empfangen habe, praktiziere ich dieses Beten in Zungen so oft ich mich nur daran erinnern kann. Neben

1. Kor. 14, 4 der Auferbauung meines „inneren Menschen" – „wer in Zungen redet, erbaut sich selbst" – hilft sie mir, ruhig zu werden vor Gott und für seine Impulse sensibel zu sein.

Rö. 8, 16 Im Römerbrief lesen wir, daß Gottes Geist sich unserem Geist bezeugt. Mein wiedergeborener menschlicher Geist ist also die Instanz, die mich mit Gott in Verbindung bringt und hält. Gott offenbart sich meinem Geist, nicht meiner Seele. Mit meinem Geist trete ich ins Gespräch mit ihm und bekomme seine Weisung und Korrektur.

Die Aussagen Paulus in bezug auf das Beten mit dem Geist haben mir viel Aufschluß gegeben zum Ruhigwerden vor Gott und zum Hören seiner Stimme. Paulus sagt, daß, wenn ich in Zungen bete, mein Geist betet und der Effekt

1. Kor. 14, 14 der ist, daß mein Verstand zur Ruhe kommt. „Denn wenn ich in Zungen bete, so betet mein Geist, aber mein Verstand ist fruchtleer."

Das war schon immer mein Wunsch gewesen: in meinem Denken ruhig zu werden und in meinem Geist mit Gott kommunizieren zu können. Aus dieser logischen Einsicht heraus nahm ich es mir für einige Monate vor, neben meiner üblichen Andachtszeit jeden Tag eine halbe Stunde mit dem Geist zu beten. Es fiel mir häufig nicht leicht, gerade weil in den ersten Tagen und Wochen der erwünschte Effekt ausblieb. Ich muß aufrichtig sagen, daß in diesen Gebetszeiten nichts Besonderes geschah, außer daß ich mich in meinen Gedanken auf Gott konzentrierte und ihn in Zungen anbetete. Nach einiger Zeit merkte ich aber eine Veränderung in den von mir zu leitenden Veranstaltungen und in seelsorgerlichen Gesprächen. Plötzlich hatte ich in der Situation, in der es nötig war, eine Einsicht, ein klares Wort Gottes, eine Weissagung oder eine Vision, die mehr trafen und halfen als jedes therapeutische Gespräch. Ich pries Gott, daß ich es ein wenig mehr gelernt hatte, in meinem Geist auf ihn zu hören.

Mir wurde auch sehr klar, daß es Zeiten des Lesens in der Bibel gibt, Zeiten, in denen wir Gott zujubeln und anbeten, Zeiten, in denen wir zu Gott reden, einmal in unserer Muttersprache und dann in Zungen und dann Zeiten, in denen wir einfach ruhig vor Gott sein sollen. Das Stillsein vor ihm ist oft das Schwierigste. Häufig findet man in einem Gebetskreis, daß die Spannung der ruhigen Anbetung vor Gott nicht ausgehalten werden kann. Jemand platzt mit einem Bibelvers oder einem Gebet hinein oder man spricht halblaut in Zungen, obwohl jetzt die Zeit des ruhigen Horchens auf Gott ist, in der er in unsere Gedanken sprechen möchte oder durch eine der Manifestationen des Heiligen Geistes.

In Petrus finden wir ein treffendes Beispiel. Jesus nahm Petrus und zwei andere Jünger mit auf den Berg der Verklärung. Was sie dort miterleben, verschlägt ihnen die Sprache: Jesus wird vor ihren Augen umgestaltet, und sie erleben einen Einblick in das Leben in der unsichtbaren Welt. Die Atmosphäre muß vor heiliger Spannung geradezu geknistert haben. Petrus kann diese Spannung nicht länger ertragen und fängt an, unpassend zu reden: „Rabbi, *Mk. 9, 5 - 8* es ist gut, daß wir hier sind; und wir wollen drei Hütten machen, dir eine und Mose eine und Elia eine. Er wußte nämlich nicht, was er sagen sollte, denn sie waren voll Furcht." Er hätte in dieser heiligen Situation lieber schweigen und auf Jesus schauen sollen. Wie eine Antwort auf das unnütze Reden „kam eine Wolke, die sie überschattete; und eine Stimme kam aus der Wolke: Dieser ist mein geliebter Sohn, ihn hört!"
Es gibt Zeiten, da sollten wir aufhören zu reden und auf den hören, der etwas zu sagen hat: Jesus!

Eine weitere Voraussetzung für die Führung durch den Heiligen Geist ist, daß wir ein sehr sensibles Gewissen entwickeln für das, was wir denken und tun. „Darum übe ich *Apg. 24, 16* mich auch, ein Gewissen ohne Anstoß zu haben vor Gott und den Menschen." Ein reines Gewissen ist eine absolute Notwendigkeit, um die Stimme des Heiligen Geistes von anderen Impulsen zu unterscheiden.

Führung wird immer behindert oder falsch verstanden werden, wenn Du Sünde in Deinem Leben unbereinigt vertuschen willst. „Wenn ich es in meinem Herzen auf Frevel abgesehen hätte, so würde der Herr nicht hören." Nimm Dir Zeit vor Gott, damit er Deine falschen Motive und Haltungen offenbaren und Du davon befreit werden kannst. „Verirrungen – wer bemerkt sie? Von den verborgenen Sünden sprich mich los!"

Ps. 66, 18

Ps. 19, 13

Der Heilige Geist möchte Dich in alle Wahrheiten führen,– über Dich selbst und über Gott. Das kann recht schmerzend sein. Bist Du bereit, Dir die Wahrheit sagen zu lassen? Dann formuliere diese Bitte aufrichtig vor Gott. Du wirst sehen, wie der Heilige Geist beginnen wird, in Deiner Vergangenheit aufzuräumen und Dinge ans Licht zu bringen. Jesus sagt: „Jeder, der aus der Wahrheit ist, hört meine Stimme!" Wenn Du schlechte Gewohnheiten nicht lassen und Sünde vertuschen willst, bist Du nicht in der Wahrheit und wirst Jesu Stimme nicht hören.

Joh. 18, 37

Aus Trägheit unterließ ich in der Schule einige Verpflichtungen als Lehrer. Es war eine Sache, die im Kollegium laufend vorkam und über die sich kaum einer Gewissensbisse machte. Als ich im Begriff war es zu tun, hatte ich den Impuls, die Finger davon zu lassen, aber ich wischte diesen Gedanken leichtfertig zur Seite. Hinterher kam die Korrektur in meinem Geist sehr massiv und ich wußte, daß ich mich dafür bei meinem Schulleiter zu entschuldigen hatte. Nichts wäre mir schlimmer und peinlicher gewesen als das, und ich bemühte mich fleißig dagegen zu argumentieren: Was war schon dabei? Jeder meiner Kollegen tat es doch hin und wieder; und genau betrachtet, ich hatte doch indirekt ein gewisses Recht dazu! Ich schien zu gewinnen, die innere Stimme schwieg. Aber jedesmal, wenn wir in unserem Gebetskreis in der Anbetung zusammenkamen und ich voller Freude meine Hände heben wollte, stand mir das Bild meiner Sünde vor Augen. Ich versuchte es zur Seite zu tun. Es gelang nicht. Der Abend war für mich verpatzt, und nicht nur für mich. Gott konnte mich nicht gebrauchen. Über das normale Leiten hinaus war ich nicht fähig, ein inspiriertes Bibelwort zu geben oder offen für das Reden des Heiligen Geistes zu sein. Mir wurde erschreckend klar: entweder bringe ich die Sache, auf die der Heilige Geist seinen Finger gelegt hatte, in Ordnung oder ich würde fortfahren, meine Arbeit im Reich Gottes in einem unechten geheuchelten Stil zu führen, ohne die vollmächtigen übernatürlichen Manifestationen des Heiligen Geistes. Die Kosten meines Verharrens in der Unwahrheit waren mir zu hoch. So schlich ich mich mit weichen Knien zum Büro meines Schulleiters. Was für ein Zerbruch nach meinem hartnäckigen Widerstand, aber dahinter stand Gottes Prinzip der Heiligung und des geistlichen Wachstums: „Jeder, der aus der Wahrheit ist, hört meine Stimme!"

Wenn Du eintreten möchtest in dieses innige geführte Leben und von Gott Wahrhaftiges anvertraut bekommen möchtest, mußt Du es lernen, in den kleinen Dingen treu zu sein.
„Wer im Geringsten treu ist, ist auch in vielem treu, und wer im Geringsten ungerecht ist, ist auch in vielem ungerecht. Wenn ihr nun mit dem ungerechten Mammon – mit den alltäglichen Dingen – nicht treu gewesen seid, wer wird euch das Wahrhaftige anvertrauen?" *Lk. 16, 10+11*
Gott möchte erst die Bewährung in den kleinen, uns alltäglich umgebenden Angelegenheiten in Familie, Beruf und Gemeinde sehen, ehe er uns wahrhaftige Dinge anvertrauen kann.

Während einer meiner Gebetszeiten fragte ich Gott: „Was ist dein eigentlicher Grund gewesen, daß du uns zu unseren vier leiblichen noch sechs weitere Kinder in unsere Familie geschickt hast, abgesehen davon, daß wir ihnen ein Zuhause mit einer geborgenen Atmosphäre zum Aufwachsen gegeben haben? Was war dein Grund für mich persönlich?" Die Antwort kam unmißverständlich: „Damit du es lernst, in den kleinen Dingen als Ehemann und Vater treu zu sein!"
Es hat wenig geistlichen Nutzen, außerhalb der Familie in der Gemeinde oder anderen Veranstaltungen den „Mann

Gottes“ zu spielen, wenn wir es als Väter nicht gelernt haben, unsere geistliche Rolle in der Familie einzunehmen. Gott möchte erst die Treue in den kleinen Dingen, ehe er uns Weiteres anvertraut.

Bevor ich meinen Beruf wechselte und Studienleiter in der Bibelschule im Glaubenszentrum Wolfenbüttel wurde, nahm mich Gott in eine lange und harte Wachstumsschule. Einer der Merksätze, den er mir gab, als ich aus dem Reden Gottes eine Ahnung bekam, daß ich meinen Beruf für das Reich Gottes aufgeben sollte, war: „Leiste das Beste in deinem Beruf. Ich habe etwas mit dir vor!“

Gott kann in seinem Reich keinen gebrauchen, der keine Lust zum Arbeiten hat oder es nicht fertig bringt, in den kleinen Aufgaben treu zu sein. Du darfst sicher sein: bevor Gott Dir Großes anvertraut, mußt Du Dich erst in den kleinen Dingen bewährt haben.

Jesus hat Dir viel mehr zu sagen, als Du jetzt zu träumen wagst, aber es kommt darauf an, daß Du es tragen kannst, ohne überheblich zu werden oder unter der Last der Verantwortung zusammenzubrechen.

Im Zusammenhang mit der Verheißung des Heiligen Geistes, der uns das Kommende verkündigen soll, spricht Jesus
Joh. 16,12 diesen bedeutungsvollen Satz aus: „Noch vieles habe ich euch zu sagen, aber ihr könnt es jetzt nicht tragen!“ Ich habe diesen Satz sehr persönlich genommen: „Eberhard, ich habe dir noch vieles zu sagen, aber du kannst es jetzt noch nicht tragen.“ Du kannst dort auch Deinen Namen eintragen. Jesus hat Dir noch viel zu sagen. Aber bist Du in der Lage, es zu tragen?
Mein Gebet war: „Herr, zeige mir den Weg, nimm mich hinein in den Wachstumsprozeß, daß dieses ‚jetzt noch nicht‘ ausgestrichen werden kann.“ Ich spüre, wie er mich in seine Schule genommen hat und bin bereit, eine Lektion nach der anderen zu lernen, auch wenn es mir schwer fällt. Das Ziel steht mir vor Augen: ein belastungsfähiges vollmächtiges Leben unter der Leitung des Heiligen Geistes.

Prinzip: Schule Dich, in Deinem Geist auf die Stimme des Heiligen Geistes zu hören. Die Anbetung in Zungen ist eine wertvolle Hilfe im Ruhigwerden vor Gott.
Ohne ein reines, sensibles Gewissen wird Führung immer behindert oder mißverstanden werden. Gott erwartet Treue in den kleinen Dingen, ehe er Dir Großes anvertrauen kann.

In der Bibel lesen wir von vollmächtigen Gottesmännern, die das Vertrauen Gottes hatten, zu denen Gott in außerordentlicher Weise sprach und sie führte. Mich interessierte der Schlüssel in dem Lebensstil dieser Männer, der Grund, daß Gott gerade zu ihnen durch Visionen, Träume, Weissagungen oder von Angesicht zu Angesicht sprach. Was war das Geheimnis in ihrer Beziehung zu Gott? Eins war mir klar: „Es ist kein Ansehen der Person bei Gott." Gott *Rö. 2,11* möchte mit jedem in dieser engen Beziehung stehen, aber Du hast etwas zu investieren an geistlichem Wachstum, damit Gott Dir vertrauen und Du es tragen kannst.

Beim Studieren der Persönlichkeiten der Gottesmänner fiel mir auf, daß ihnen nicht aus heiterem Himmel Vollmacht und geistlicher Einblick übergestülpt wurde, sondern daß jeder von ihnen wie auch jeder andere Mensch erst lernen mußte, Untugenden abzulegen und sich zu bewähren, ehe Gott Vertrauen in sie investierte und sie auf außerordentliche Weise gebrauchte. Aus der großen Anzahl von Vorbildern möchte ich zwei herausgreifen: Daniel und Mose.

Auch der nicht so bewanderte Bibelleser weiß von Daniel, daß er ein Mann war, der ungewöhnlich viel Träume, Visionen und Erscheinungen von Engeln hatte, die ihm viel Einsicht gaben über zukünftige Dinge. Nun, so war es mit ihm nicht von Anfang an. Im Buch Daniel gibt es eine Aussage, die der Schlüssel für das weitere Leben des jungen Mannes Daniel wurde.
Daniel gehörte zu den jungen Männern aus den reichen und gebildeten Familien der Israeliten, die unter der Herrschaft des Königs Nebukadnezar nach Babel entführt wur-

den, um dort nach einer dreijährigen Gehirnwäsche, bei der sie alle ihre anerzogenen Sitten und Gebräuche verlernen sollten, an seinem Hof als Berater zu dienen.
Das war die Situation des jungen Daniel. Wie sollte er sich verhalten? Es gab keine Möglichkeit, in das Heimatland zurückzukehren. Er war jung und intelligent, das ganze Leben lag vor ihm. War es nicht das klügste, sich unterzuordnen und das Beste aus der mißlichen Situation zu machen?

Wie würdest Du Dich in einer ähnlichen Situation verhalten? Alle in meiner Klasse machen mit; wie sieht es aus, wenn ich mich von dieser Fete ausschließe oder bei anderen gängigen Verhaltensmustern nicht mitmache?
Was Gott sucht sind Menschen, die sich ihm kompromißlos unterordnen und eine klare Linie in ihrer Nachfolge haben. Nach diesen hält er Ausschau. Er fand einen in Daniel. Hier ist der Schlüsselvers für das weitere vollmäch-
Dan. 1, 8 tige Leben des jungen Daniel: „Und Daniel nahm sich in seinem Herzen vor, sich nicht mit der Tafelkost des Königs und mit dem Weine, den er trank, zu verunreinigen."
Dies ist die Haltung, die Gott in Dir und in mir sucht: Den festen Vorsatz in Deinem Herzen, Dich nicht zu verunreinigen, sondern klar an den Prinzipien Gottes festzuhalten; koste es, was es wolle!
Gottes Antwort auf diese Haltung Daniels und seiner drei
Dan. 1, 17 Freunde kommt bald: „Und diesen vier Jünglingen, ihnen gab Gott Kenntnis und Einsicht in aller Schrift und Weisheit, und Daniel hatte Verständnis für alle Gesichte und Träume."
Nachdem Daniel seine Haltung vor Gott bewiesen hatte, finden wir ihn als den weisen und geführten Mann Gottes mit tiefer Einsicht in die Gedanken Gottes und von großer Hilfe für seine Mitmenschen.
Die gleiche Haltung in Deinem Herzen wird ein Schlüssel sein für ein geführteres Leben unter der Leitung des Heiligen Geistes.

Mose ragt hervor unter allen Männern Gottes. Nach seinem Tod wird von ihm gesagt: „Und es stand in Israel kein

Prophet mehr auf wie Mose, welchen der Herr gekannt hätte von Angesicht zu Angesicht ..." Mose empfing die Führung für sein Volk aus dem direkten Reden mit Gott: „Und der Herr redete mit Mose von Angesicht zu Angesicht, wie ein Mann mit seinem Freunde redet."

5. Mo. 34, 10

2. Mo. 33, 11

Es ist berechtigt zu fragen, welche Eigenschaften Mose zu solch einem Freund Gottes machten. Die Bibel läßt uns darüber nicht im unklaren und nennt sie uns, damit wir Mose in diesen Eigenschaften nacheifern können: „Der Mann Mose aber war sehr sanftmütig (demütig, höflich), mehr als alle Menschen, die auf dem Erdboden waren." Hier haben wir den Schlüssel für Moses innige Beziehung zu Gott: Demut, Höflichkeit und Sanftmut! In einem Ausmaß, wie es kein anderer in seiner Umgebung verwirklichte.

4. Mo. 12, 3

Möchtest Du vom Heiligen Geist geführt werden, mit seiner Stimme vertraut Tag für Tag Dein Leben gestalten? Dann lerne diese Verhaltensweisen! Ich bin mir sicher, daß Gott sie sehen möchte, ehe er Dich tiefer in seine Gedanken einführt.

Es wird uns noch mehr über Mose gesagt: „Und Gott sprach: Höret denn meine Worte! Wenn ein Prophet unter euch ist, ihm will ich, der Herr, in einem Gesicht mich kundtun, in einem Traume will ich mit ihm reden. Nicht also mein Knecht Mose. Er ist treu (bewährt, vertrauenswürdig) in meinem ganzen Hause; mit ihm rede ich von Mund zu Mund, und deutlich und nicht in Rätseln, und das Bild des Herrn schaut er."

4. Mo. 12, 6-8

Die Voraussetzung, daß er treu, bewährt und vertrauenswürdig war in den Aufgaben, in die Gott ihn hineingestellt hatte, machte Mose zu einem Mann, mit dem Gott anders verkehrte als normal. Interessant, auf welche Dinge Gott Wert legt! Nimm sie in Dein tägliches Leben auf und Du wirst sehen, wie die Haltung Gottes sich Dir gegenüber vertieft.

Vielleicht stöhnst Du innerlich auf und sagst Dir, daß es zu schwer sei, in solch ein hohes Niveau der Nachfolge hineinzuwachsen. Es wird helfen, wenn Du Dir klar machst, was für ein Mann Mose in seiner Jugend, am Anfang der Nachfolge, war. Er brachte die Voraussetzung mit, die Gott in jedem sucht, dem er seine Aufgaben anvertrauen will: „Durch Glauben weigerte sich Mose, als er groß geworden war, ein Sohn der Tochter Pharaos zu heißen, und zog es vor, lieber mit dem Volk Gottes Ungemach zu leiden als den zeitlichen Genuß der Sünde zu haben, indem er die Schmach des Christus für größeren Reichtum hielt als die Schätze Ägyptens."

Hebr. 11, 24-36

Mose setzte die richtigen Prioritäten. Was ziehst Du in Deinem Leben vor? Kompromisse gelten nicht in den Augen Gottes; er möchte eine klare Entscheidung.
Mose mag diese Entscheidung einiges gekostet haben. Aufgewachsen in aller Verschwendung des königlichen Hofes, vertraut mit der ägyptischen Weisheit und mit einer glänzenden Zukunft vor Augen zog er es vor, sich an das Volk Gottes zu halten und mit ihm Ungemach zu leiden, als den zeitlichen Genuß am Hofe des Pharaos.

Gott hält nicht in erster Linie Ausschau nach vollkommenen Menschen, sondern nach kompromißlos willigen. Außer seiner feurigen Nachfolge brachte Mose eine Reihe negativer Verhaltensweisen mit: Er war jähzornig und unbeherrscht, so daß er im Affekt einen Ägypter erschlug, der einen seiner Mithebräer quälte. Als Gott ihn am Berg Horeb in seine Lebensaufgabe rief, fühlte Mose sich unfähig, voller Unglaube und Minderwertigkeitskomplexe und suchte Ausflüchte, um sich vor der Aufgabe zu drücken. Aber Gott war sehr barmherzig mit ihm. Er sah Qualitäten in ihm, die Mose nicht bewußt waren. Erst als Gott Aaron als Sprachrohr zusagte, war Mose willig, gehorsam zu sein.

2. Mo. 2, 12

Das war der Anfang Moses: jähzornig, feige, voller Minderwertigkeitskomplexe, voller Unglaube, unfähig zu reden. Und später wird uns von ihm berichtet, daß er der sanftmütigste und vertrauenswürdigste Mensch auf der Erde war.

Hast Du jetzt nicht Hoffnung für Deine negativen Verhaltensweisen und Schwierigkeiten, die Dir so peinlich sind

und wegen derer Du Dich unfähig hältst für Gott tätig zu sein?
Zeige Gott, so wie Mose, daß Du ihn allem anderen in dieser Welt vorziehst, und er wird Dich als liebender Vater in seine Erziehung nehmen, so daß Du fähig wirst, alle Voraussetzungen für die Führung durch den Heiligen Geist zu erfüllen.

Prinzip: Gott kennt kein Ansehen der Person, aber er erwartet gewisse Verhaltensweisen, ehe er Dir seine Weisheiten anvertrauen kann. Du brauchst den Vorsatz des Daniel in Deinem Herzen, treu zu den Prinzipien Gottes zu stehen und Dich nicht zu verunreinigen. Von Mose kannst Du lernen, daß Gott klar sehen möchte, was Du vorziehst. Danach wird er Dich in seine Erziehung nehmen und zu einem sanftmütigen, demütigen und vertrauenswürdigen Menschen machen.

10 DER SUBJEKTIVE ZEUGE SPRICHT – AKTIVE FÜHRUNG

Nachdem wir in aller Ausführlichkeit die Voraussetzungen und die Prüfungskriterien für das Reden des Heiligen Geistes erarbeitet haben, sind wir nun soweit, daß wir uns ganz praktisch dem Reden dieses subjektiven Zeugen zuwenden können.

In der Apostelgeschichte finden wir es häufig, daß der Heilige Geist ganz konkret Personen anspricht und ihnen Aufträge erteilt. In der Praxis sah es sicherlich so aus, daß Er hineinsprach in ihre Gedanken, ohne daß es andere Personen wahrnehmen konnten. Wir haben schon erarbeitet,
Rö. 8,16 daß sich der Heilige Geist unserem Geist bezeugt.
Unsere Seele mit der Instanz des Verstandes nimmt diesen Impuls auf, verarbeitet ihn und entscheidet sich dann, ob sie diesem Impuls nachgehen will oder nicht.

Im Austausch mit anderen Christen über diese Frage, wie man das Reden des Heiligen Geistes wahrnehmen kann, wurde häufig betont, daß man seine Impulse manchmal wie die eines inneren Summers wahrnimmt, ohne konkretes Reden. Man ist gerade im Begriff etwas Falsches zu tun und dieser innere Zeuge bringt einen zum Einhalten und nochmaligem Überdenken der Situation oder man verspürt seine bestätigende Gegenwart, die anzeigt, daß man auf dem richtigen Weg ist.
In anderen Situationen bemerkt man eine Klarheit und Schlüssigkeit in seinen Gedankengängen, daß man nur sagen kann, dies habe ich mir nicht selbst ausgedacht, sondern das hat Gottes Geist meinem Geist bezeugt.
Manchmal ist es aber auch so, daß der Heilige Geist Dich direkt anspricht, ohne daß es andere hören können. Das wird uns häufig berichtet:
Apg. 8,29 „Der Geist aber sprach zu Philippus: Tritt hinzu und schließe dich diesem Wagen an!"
Apg. 10,19 „Während aber Petrus über das Gesicht nachsann, sprach

der Geist zu ihm: Siehe, drei Männer suchen dich. Steh aber auf, geh hinab und zieh mit ihnen, ohne irgend zu zweifeln, weil ich sie gesandt habe."

„Während sie aber dem Herrn dienten und fasteten, sprach der Heilige Geist: Sondert mir nun Barnabas und Saulus zu dem Werk aus, zu dem ich sie berufen habe!" *Apg. 13, 2*

„Und er (Agabus) kam zu uns und nahm den Gürtel des Paulus und band sich die Füße und die Hände und sprach: Dies sagt der Heilige Geist: den Mann, dem dieser Gürtel gehört, werden die Juden in Jerusalem so binden und in die Hände der Nationen überliefern." *Apg. 21, 11*

An all diesen Zitaten ist faszinierend, wie konkret der Heilige Geist Personen anspricht und seine Wegweisungen gibt. Ob es nun Philippus ist, den der Heilige Geist anweist, an einen bestimmten Wagen heranzutreten oder Petrus, dem gesagt wird, nicht zu zweifeln und den drei Männern zu folgen. Wie oft wünschen wir uns solch ein konkretes Reden, daß uns zum Beispiel der Geist Gottes genauso die Mitarbeiter benennt, wie Paulus und Barnabas in Antiochien benannt und ausgesandt wurden.

Wir sehen sicherlich auch die Gefahr, wenn jemand in unserer Mitte aufstehen und einzelnen Christen gegenüber Wegweisung auf diese Art aussprechen würde. Die Bibel bezeugt uns, daß es möglich und richtig ist, und trotzdem brechen sofort berechtigte Fragen auf: Ist das wirklich die Stimme des Heiligen Geistes oder nur ein menschlicher Wunsch? Über die katastrophalen Folgen einer falsch ausgesprochenen Anweisung sind wir uns alle im klaren.

Nun, wenn wir uns diese Zitate des Heiligen Geistes in der Apostelgeschichte im Zusammenhang des Textes ansehen, finden wir jedesmal, daß der Heilige Geist niemals so eine konkrete Anweisung einfach aus heiterem Himmel gesprochen hatte, sondern immer als Bestätigung oder Weiterführung in eine vorbereitete Situation hinein.

Dies ist für unseren persönlichen Umgang mit dem konkreten Reden des Heiligen Geistes von ungeheurer Wichtig-

keit. Wenn Du von jemand anders oder auch persönlich durch den Heiligen Geist eine konkrete Anweisung erfährst und dieser Sachverhalt liegt nicht schon vorbereitet in Deinem Herzen, sondern trifft Dich ganz überraschend als ein neuer Gedanke, dann hat sich der andere entweder geirrt oder es ist ein erster vager Hinweis Gottes auf seine in der Zukunft liegenden Pläne mit Dir. Nimm diese Worte, leg sie in die „Schublade" und warte, bis Gott weitere Bestätigungen oder Hinweise gibt. Aber handle niemals auf solch einen alleinigen überraschenden Impuls hin.
Da kommt vielleicht jemand zu Dir und sagt Dir mit einem prophetischen Wort, daß Gott Dich in einer wunderbaren evangelistischen Arbeit in den Ostblockstaaten gebrauchen will. Dich treffen diese als vom Heiligen Geist ausgegebenen Worte wie ein Schlag, denn Dein ganzes Denken war bisher darauf ausgerichtet, eine Kinderarbeit in Deiner Heimatstadt zu beginnen. Was sollst Du darüber denken? Da Gott Dich in Deinem Herzen nicht darauf vorbereitet hat, legst Du diese Anweisung höflich zur Seite und vergißt sie am besten, es sei denn, Gott bestätigt diese Worte später auf andere Weise, daß Du in ihnen ein vorbereitendes Reden auf eine neue Situation sehen kannst.
Wenn es aber in Dir nun so aussieht, daß Dein Herz für die verfolgten Christen schlägt, Du aber mit keinem darüber geredet hast, weil Du Dich einfach für zu unfähig und zu jung für solche Aufgaben hältst, und dann spricht jemand diese Worte über Dir aus, obwohl er tatsächlich überhaupt nichts über Deine Gedanken wissen konnte, dann kannst Du diese Worte getrost als eine weitere Bestätigung nehmen, daß Du in Deinen Gedanken richtig liegst und Gott Dir diesen Weg vorbereitet.

Prinzip: Wie in der Apostelgeschichte möchte der Heilige Geist auch ganz konkret in Deine Situation sprechen. Solch eine konkrete Anweisung wird niemals aus heiterem Himmel kommen, sondern immer in eine vorbereitete Situation eingebettet sein. Ist dies nicht der Fall, so nimm diesen Impuls als ein vorbereitendes Reden für die Zukunft oder lege ihn als einen Irrtum zur Seite.

Laßt uns jetzt einige Berichte, die dieses konkrete Reden des Heiligen Geistes enthalten, in der Apostelgeschichte einzeln durchgehen und sehen, was wir noch persönlich daraus lernen können.

Philippus war auf dem Höhepunkt seines Evangelisationsfeldzuges in Samarien. Die ganze Stadt war gepackt von dem Wort Gottes und den folgenden Zeichen und Wundern. Eine umfassende Nacharbeit tat sich für Philippus auf, und er konnte die Früchte seiner Arbeit genießen. Und ausgerechnet in diese Situation des engagierten Arbeitens hinein redet ein Engel des Herrn zu Philippus und gibt ihm den Auftrag, auf die Straße von Jerusalem nach Gaza zu gehen. Wir sollten uns ruhig die Mühe machen, uns in die Situation des Philippus hineinzuversetzen: *Apg. 8, 26*
Da war er emsig für Gott beschäftigt und bekommt den Auftrag, ausgerechnet zu einer Straße zu gehen, von der noch betont wird, daß dort nichts los sei. Welche Gedanken mögen Philippus bei diesem Impuls bewegt haben? Wir dürfen ruhig voraussetzen, daß Philippus genauso Fragen und Zweifel gehabt hatte, wie ich und Du sie gehabt hätten. Aber dieses Reden war wohl so eindrücklich, daß er sich aufmachte und hinging. Tatsächlich, die Straße war öde. Zumindest darin hatte der Engel recht gehabt, aber dann sah er in der Ferne eine Staubwolke näher kommen. In ihm stieg eine gewisse Spannung auf: Ist das die erste Bestätigung, daß ich das Reden Gottes richtig herausgehört habe? Als der Wagen herangekommen war, hörte Philippus den Geist sagen, an den Wagen heranzutreten. Zögernd ging Philippus diesem Impuls nach und jubelte innerlich als er hörte, wie der Fremde laut in dem Buch Jesaja las.
Wie wunderbar hatte Gott doch diese Situation eingefädelt. Da war dieser Kämmerer durstig nach dem Verständnis des Wortes Gottes. Gott sah es und sprach durch einen Engel zu Philippus, der Heilige Geist leitete die Situation weiter und hier war Philippus: Zur richtigen Zeit am richtigen Ort, um das Richtige zu sagen.
Nun schwang sich Philippus nicht triumphierend in den Wagen, um dem Mann voller Stolz zu erklären, wie gut er auf die Stimme Gottes gehört habe und daß er jetzt gut

aufpassen solle, weil er ihm die Botschaft Gottes bringe. Diese Haltung könnte ich mir gut bei einigen unserer enthusiastischen Charismatikern vorstellen.
Nein, höflich, zurückhaltend tritt er an den Wagen und fragt: „Verstehst du auch, was du liest?" Und erst als der andere ihn bittet, aufzusteigen, setzt er sich zu ihm und erklärt ihm die Fragen, die er hat.

Aus dieser Situation können wir viel lernen: Einmal, daß auch bei ganz subjektiven Impulsen, denen wir vielleicht mit großer Vorsicht nachgehen, Gott immer wieder Bestätigungen gibt durch auftauchende, hinweisende Umstände und weiteres Reden. Wir sind also in unserem Handeln niemals auf eine vage Annahme angewiesen, sondern wenn es von Gott kommt, werden weitere Bestätigungen folgen. Führung durch den Heiligen Geist ist also eine ganz handfeste, nachprüfbare Angelegenheit.

Darüberhinaus sollen wir auch bei großartigster Führung den anderen niemals überfallen und unsere übernatürliche Führung als Beweiskraft unserer Botschaft noch herausspielen, sondern immer Höflichkeit und Zurückhaltung wahren und auf die Bedürfnisse des anderen eingehen. Pädagogisch gesehen ist es wohl am geschicktesten, daß,so wie bei Philippus, der andere uns bittet, Auskunft zu geben. Dann ist der geistliche Boden am besten vorbereitet, die gute Saat des Wortes Gottes aufzunehmen.

Prinzip: **Wenn der Heilige Geist Dir eine konkrete Anweisung gegeben hat, wird es nicht bei diesem vielleicht vagen Impuls bleiben. Bestätigende Umstände und weiteres Reden des Heiligen Geistes werden diesen Impuls bekräftigen.**
Spiele Deine Führungen Gottes nicht als Beweiskraft Deiner Geistlichkeit heraus, sondern übe immer Zurückhaltung und Höflichkeit.

Auch für Petrus war die konkrete Anweisung, den drei Männern ohne zu zweifeln zu folgen, in eine vorbereitete Situation eingebettet.

Gott hatte die schwierige Aufgabe, Petrus durch den Heiligen Geist an etwas zu erinnern, was schon längst durch das Wort Gottes klar war: nämlich, daß das Evangelium auch für die Heiden galt.

„Geht nun hin und macht alle Nationen zu Jüngern und tauft diese auf den Namen des Vaters und des Sohnes und des Heiligen Geistes, und lehrt sie, alles zu bewahren, was ich euch geboten habe!" *Mt. 28, 19*

So brachte die symbolische Vision mit den unreinen Tieren und der Aufforderung, sie zu schlachten und zu essen, nichts Neues.

Aber Petrus, der so befangen in Traditionen und Vorurteilen war, geriet bei der Auslegung in große Verlegenheit. *Apg. 10, 10*

Erst die klare Anweisung des Heiligen Geistes, den Männern, die der Hauptmann Cornelius geschickt hatte, zu folgen, machte ihm die Bedeutung der Vision weiterhin deutlich. Als Petrus dann erfährt, welche wunderbare Begegnung Cornelius mit einem Engel gemacht hatte, war ihm die Bedeutung der Vision und des Redens des Heiligen Geistes plötzlich klar: Er wußte, daß Gott von ihm erwartete, zu den Heiden zu gehen, wie es Jesus schon in seinem Missionsbefehl gesagt hatte. *Apg. 10, 19*

Auch in diesem Bericht sehen wir wieder ein feines Zusammenspiel, Aufeinanderfolgen und Bestätigen von übernatürlichen Impulsen und von Gott gelenkten Situationen, die schließlich ein klares Bild der Führung ergeben.

Außerdem konnten wir an diesem Bericht feststellen, daß der Heilige Geist Petrus keine vollkommen neue Informationen brachte, die über die Botschaft des Evangeliums hinausgingen. Der Heilige Geist wird der Bibel niemals etwas Neues hinzufügen, sondern immer die schon geoffenbarten Weisheiten erklären und neu ins Gedächtnis rufen. So erklärt Jesus diese Aufgabe des Heiligen Geistes.

„Der Sachwalter aber, der Heilige Geist, den der Vater senden wird in meinem Namen, der wird euch alles lehren und euch an alles erinnern, was ich euch gesagt habe." *Joh. 14, 26*

Petrus wird hier wieder neu erinnert an das, was Jesus schon in seinem Missionsbefehl gesagt hatte.

Genauso wird es jedem von uns gehen, wenn der Heilige Geist belehrend spricht: Es wird niemals eine über die Bibel hinausgehende Information sein, sondern allein Zusammenhänge und Weisheiten der Schrift erklären und betonen. Wenn dies nicht der Fall ist, müssen wir es zur Seite tun.

Prinzip: Der Heilige Geist wird niemals vollkommen neue Informationen geben, sondern immer Zusammenhänge und Weisheiten der Schrift erklären oder betonen.

Apg. 13, 1ff. In Antiochien finden wir eine bemerkenswert vorbildliche Gemeindesituation vor. Die Leiter der Gemeinde sind zusammen, dienen dem Herrn und fasten. In diese Haltung der Offenheit gegenüber dem Reden Gottes gibt der Heilige Geist die Anweisung: *Apg. 13, 2* „Sondert mir nun Barnabas und Saulus zu dem Werk aus, zu dem ich sie berufen habe."
Die Formulierung „. . . zu dem ich sie berufen habe" läßt uns deuten, daß Barnabas und Saulus schon längst in ihrem Herzen eine klare Berufung zu dieser ersten Missionsreise hatten, aber einfach den richtigen Zeitpunkt und die Bestätigung anderer abwarten wollten. Während sie nun zusammen Gott dienten, kommt diese Bestätigung durch andere mit dem Reden des Heiligen Geistes.

Es ist interessant zu lesen, daß sie hinterher nicht „Preis dem Herrn" und „Hallelujah" riefen und schnell die Vorbereitungen für die Abreise trafen, sondern weiter fasteten und beteten. Hier hatten sie das übernatürliche bestätigende Reden des Heiligen Geistes, und trotzdem gingen sie noch einmal in die Stille, um alles vor Gott zu prüfen. Danach erst wurden ihnen zur Aussendung die Hände aufgelegt. Die Handlung der Handauflegung dokumentierte einmal die Einwilligung und den Segen der Ältesten und dann das Stellen unter die Gnade Gottes.
Von dieser weisen Handhabung können wir viel für unsere Gemeindepraxis lernen. Ein Dienst, der so vorbereitet und durchgeführt ist, wird auf offene Türen stoßen und Erfolg bringen. Das sehen wir auch am Ende ihrer Missionsreise.

„Als sie aber angekommen waren und die Gemeinde zusammengebracht hatten, erzählten sie alles, was Gott mit ihnen getan und daß er den Nationen eine Tür des Glaubens aufgetan habe.“ *Apg. 14, 27*

Prinzip: Auch wenn der Geist Gottes bestätigend gesprochen hat, heißt es nicht, sofort loszulaufen. Es ist gut, dies noch einmal zu prüfen und der Beurteilung und dem Segen Deiner Ältesten vorzulegen.

Nun sehen wir auch in der Apostelgeschichte, daß es mit dem klaren Erkennen des Willens Gottes nicht immer so einfach war, und daß es auch unter den Aposteln Zeiten des Suchens und des Umhertastens gab, bis der klare Weg wieder vor Augen stand.
Solch eine Situation finden wir vor, als Paulus mit seinen Begleitern auf dem Weg nach Mazedonien ist. „Sie durchzogen aber Phrygien und die galatische Landschaft, nachdem sie von dem Heiligen Geist verhindert worden waren, das Wort in Asia zu reden; als sie aber gegen Mysien hinkamen, versuchten sie nach Bithynien zu reisen und der Geist Jesu erlaubte es ihnen nicht. Als sie aber an Mysien vorübergezogen waren, gingen sie nach Troas hinab.“ *Apg. 16, 6 ff.*

Uns fallen sofort die Formulierungen wie „von dem Heiligen Geist verhindert“ und „der Geist Jesu erlaubte es nicht“ auf. Offenbar liegt hier eine spezifische Führung durch den Heiligen Geist vor, die wir negativ abhaltende Führung nennen können.
Paulus mit seinen Begleitern waren in Asia und verspürten den negativen Impuls, dort nicht das Wort zu verkündigen. Wie dieser Impuls konkret aussah, wird uns nicht beschrieben, zumindest war er so deutlich, daß sie nach Phrygien reisten und weiter in Richtung Mysien und Bithynien. Auch hier erfahren sie den negativ abhaltenden Impuls des Heiligen Geistes, so daß sie an Mysien vorbei nach Troas ziehen. In dieser Zeit haben sie ohne Zweifel einen weiten Weg zurückgelegt und viele Anstrengungen gehabt. Wir sollten aber diese Art der Führung nicht vorschnell negativ bewerten, etwa als einen Mangel an Sensibilität dem Reden

Gottes gegenüber. Ganz bestimmt war diese Zeit wertvoll für die Jünger und die Bewohner der durchreisten Länder. Denn sie werden sicherlich, dem Missionsbefehl getreu, überall das Evangelium verkündigt haben. Es war also keine vertane Zeit, und Gott wird sich etwas dabei gedacht haben.
Wir haben hier zu berücksichtigen, daß auch Gott seinen Zeitplan hat, um Situationen und Menschen vorzubereiten. Wir sehen das oft nicht, und deshalb fällt uns das Warten schwer.

Auch wenn wir bereits wissen, was wir zu tun haben, müssen wir immer noch fragen, wann der richtige Zeitpunkt zum Handeln ist. Es ist eine Sache, Offenbarungen zu empfangen und eine andere Sache, ob und wann wir es weitersagen oder tun sollen. Vielfach ist es so, daß Gott spricht und wir danach zu warten haben, bis die richtige Zeit da ist.

Für solche Situationen gilt das Wort:
Hab. 2, 3 „Denn das Gesicht geht noch auf die bestimmte Zeit, und es strebt nach dem Ende hin und lügt nicht. Wenn es verzieht, so harre sein; denn kommen wird es, es wird nicht ausbleiben."

Ich weiß von Situationen, in denen Gott zu mir sprach, und danach vergingen Jahre, bis ich den konkreten Auftrag zum Handeln bekam. Diese Zeit des Wartens war richtig, weil ich noch nicht genug zubereitet war und weil die Situation noch nicht reif war.

Kurz nach meiner Geistestaufe machte Gott mir klar, daß einmal eine Zeit kommen würde, wo ich meinen Beruf als Lehrer zur Seite legen würde und hauptamtlich sein Wort verkündigen würde. Mir war ganz klar, daß meine Berufung nicht die eines Evangelisten oder Propheten war, sondern die eines Lehrers und Hirten. Daraufhin folgten 5 Jahre des Wartens und der Zubereitung. Ich wußte, daß ich die Bibel besser kennenlernen und geistlich wachsen mußte. Mir war auch bewußt, daß meine Berufung als Bibellehrer nicht vorherbestimmt war, sondern daß sie auch im Sande verlaufen konnte, wenn ich nicht Eifer und Disziplin investieren würde. Jede Woche zählte zu meinem Wachstum in diese Aufgaben hinein. In mir war es wie eine Stimme: Arbeite über meinem Wort. Die Zeit ist kurz. Ich brauche dich!

Da ich mein ganzes Leben hindurch ein Bücherwurm war, legte ich alle Literatur zur Seite, – von der Zeitung las ich nur die Schlagzeilen; das reichte, um für die Welt zu beten – und beschäftigte mich für etwa ein Jahr neben meiner übrigen Tätigkeit ausschließlich mit der Bibel. Ich arbeitete sie durch und lernte Passagen auswendig. Ich wollte meinen Teil dazutun, damit Gott mich bald einsetzen konnte. 5 Jahre waren eine lange Zeit. Ich wollte mich beruflich mehrmals verändern und einen anderen Schulzweig besuchen, aber jedesmal, obwohl es von der Aufgabe her und finanziell sehr verlockend war, hatte ich diesen negativ abhaltenden Impuls, es nicht zu tun und mich auf das Wesentliche zu besinnen. Dann kam ein Monat, indem ich die Aufforderung verspürte, zu Hause zu bleiben, zur Ruhe zu kommen, weil Gott konkret zu mir sprechen wollte. Ich weiß noch, wie ich ganz unruhig war und zu meiner Frau sagte: „Ich weiß nicht, was es soll. Ich habe diesen Impuls in mir, in diesem Monat keine Reisen zu machen, weil Gott zu mir reden will. Aber da sind noch vier Verpflichtungen, die ich eingegangen bin. Was soll ich tun?“ Wir kamen überein, daß ich mich erkundigen sollte, ob ich diesen Terminen ohne Schwierigkeiten absagen konnte. Und das Wunder geschah. Ohne daß Engpässe oder besondere Belastungen bei meinen Gastgebern auftraten, konnte ich von diesen Aufgaben befreit werden. Ich sah darin das Wirken Gottes, denn es ist ganz bestimmt nicht das Prinzip Gottes, daß man erst Veranstaltungen zusagt und dann 3 Tage vorher anruft und erklärt: der Herr hat gesagt . . . und den Termin platzen läßt, so daß die Veranstalter nicht mehr wissen, was sie tun sollen.

Nun war ich in diesem Monat zu Hause und tatsächlich, aus fünf oder sechs verschiedenen Richtungen kamen nach dieser langen Zeit der Vorbereitung und des Wartens klare wegweisende Führungen. Ein Bruder fühlte sich gedrungen, prophetische Worte für meine Situation aufzuschreiben, mit der Anweisung sie mir erst zu geben, wenn Gott es ihm auftrug. Später in einem Gebetskreis gab mir eine Schwester eine Weissagung, der Bruder wußte, daß er mir den Zettel jetzt geben sollte und wir stellten fest, daß das Geschriebene und die gesprochenen Worte inhaltlich genau übereinstimmten. Dazu kamen noch von anderer Seite Worte, die das bestätigten.

Das reichte aus, um mich zu überzeugen, jetzt den Schritt des Glaubens zu tun und aus meiner sicheren Beamtenlaufbahn herauszutreten. Es war kein leichter Schritt, denn die Verantwortung für eine elfköpfige Familie drückte mich schon, und hätte Gott nicht auf diese vielfältige Art und Weise gesprochen, ich hätte es wahrscheinlich nicht getan.

Aber nachdem ich diesen Entschluß gefaßt hatte, öffnete Gott Wege und Türen, daß ich nach 6 Wochen frei war und mit der neuen Aufgabe in der Bibelschule beginnen konnte.

Der Ruf, Bibelschullehrer zu werden, kam, als es noch gar keine Bibelschule in meiner Umgebung gab und ich mir gar nicht vorstellen konnte, wo und wie ich einmal arbeiten sollte. Aber in Gottes Zeitplan war schon alles vorbereitet, obwohl wir es nicht sehen konnten. Während ich heranreifte, lenkte Gott die Umstände, daß eine Gruppe von Christen in die Nähe meiner Heimatstadt kamen und die Bibelschule einrichteten. Als sie eingerichtet war, rief mich Gott heraus und die Arbeit in der Bibelschule ging weiter. Nach einer langen Zeit des Wartens und negativ abhaltender Führung endlich grünes Licht und klare Führung.

Prinzip: Auch wenn Gott gesprochen hat, sieht es vielfach so aus, daß wir warten müssen, weil Gott seinen Zeitplan hat und diese Zeit nutzen möchte, um uns, andere und die Umstände vorzubereiten. Diese Zeit, in der wir vielfach nur negativ abhaltende Impulse empfangen, wird sehr wertvoll für unsere geistliche Ausrüstung sein.

Nun zurück zum Bibeltext: Paulus und seine Begleiter hatten zwar den weltweiten Missionsbefehl, wußten aber nicht in welche Richtung sie gehen sollten. Wohin sie sich auch wendeten, sie erlebten diesen negativ abhaltenden Impuls des Heiligen Geistes.
Sehr interessant ist, daß die Jünger in dieser Zeit der Ungewißheit trotzdem immer in Bewegung blieben. Sie zogen von einer Landschaft zur anderen und hatten sicherlich ihre Ohren immer auf geistlichen Empfang gestellt. Sie hielten sich an das Prinzip des Handelns und Horchens.
Ihre Reaktion auf das Bremsen des Heiligen Geistes hätte ja auch anders aussehen können, nämlich, daß sie sagten: Schluß jetzt mit dieser Ungewißheit. Wir schlagen unser Lager auf und beten und fasten solange, bis Gott endlich Klartext spricht. Beten und Fasten hat sicherlich seinen Platz und seine Bedeutung, aber es ist bemerkenswert, daß dieses Prinzip in dieser Situation nicht angewandt wurde.

Gerade wenn es um das Erkennen des Willens Gottes geht, ist es wichtig, in Bewegung zu bleiben. Jedes Verkrampfen und Sichhineinsteigern, um unbedingt etwas von Gott zu hören hat seine großen Gefahren. Entweder höre ich plötzlich zuviele Wegweisungen und merke, wie mir meine Phantasie etwas vorgaukeln will oder Satan nutzt diese angespannte Situation, um dazwischen zu funken, und am Ende ist man verwirrter als vorher.

Ein Beispiel kann helfen: Das Lenkrad eines parkenden Wagens ist nur schwer zu lenken. Und selbst wenn man es geschafft haben sollte, weiß man immer noch nicht, in welche Richtung es gehen soll, weil der Wagen steht. Wenn der Wagen aber nur langsam rollt, braucht man nur leicht in die Speichen des Lenkrades zu greifen und man bemerkt, in welche Richtung er fährt.
So auch bei wegweisender Führung. Wenn wir stillstehen, vermögen wir oft nicht zu erkennen, in welche Richtung es gehen soll, aber wenn wir nur langsam in Bewegung sind und Aufgaben ergreifen, wird es uns leichter fallen, Gottes Ja bzw. Nein oder auch das Zeichen „Warten" zu erkennen.

Wenn Du eine Entscheidung treffen mußt, die Zeit drängt und Du einfach nicht weißt, was Gott von Dir will, dann setz Dich hin und gebrauche Deinen erneuerten Sinn, der dabei ist zu lernen, in den Kategorien Gottes zu denken. Wäge alle Vor- und Nachteile ab, unterbreite dies im Gebet und sage Deinem Vater im Himmel: Vater, ich habe bis jetzt einfach nichts Wegweisendes hören können, aber dies ist meine Situation. Ich habe alles durchdacht und meine, daß folgendes das Richtige sei. Da ich keine anderen Impulse empfangen habe, werde ich jetzt anfangen, diese Entscheidungen einzuleiten und bitte dich bestätigend oder negativ abhaltend einzugreifen.

Du wirst merken, daß, wenn Du jetzt behutsam anfängst zu handeln, es Dir viel leichter fallen wird, schließlich doch die positiv wegweisende Führung zu erfahren, wie sie Paulus und seine Mitarbeiter auch erfahren haben.

Nach einer langen Zeit des Suchens bekommt Paulus eines Nachts durch eine Vision eine direkte positiv wegweisende Führung:

Apg. 16, 9 „Ein mazedonischer Mann stand da und bat ihn und sprach: Komm herüber nach Mazedonien und hilf uns!“

Endlich war es soweit. Gott hatte direkt gesprochen. Warum es solange gedauert hatte, können wir nur vermuten. War die Zeit der Evangelisation in Mazedonien vorher noch nicht reif genug? Sollten die Mitarbeiter in dieser Zeit des Wartens geistliche Prinzipien lernen? Ging es darum, daß Lukas zur rechten Zeit zu dieser Gruppe stoßen sollte? Man könnte noch einige andere Fragen stellen. Auf jeden Fall hatte Gott seine Gründe, und wir tun nur gut daran, uns an Gottes Zeitplan zu halten und nicht eigene Wege zu gehen.

Nachdem Paulus dies gesehen und gehört hatte, rief er nicht: Auf, mir nach, sattelt die Maultiere, ich weiß den Weg! Der Text läßt uns schließen, daß Paulus diese Vision seinen Begleitern erzählte, sie diese prüften und dann beschlossen, daß diese Weisung von Gott kam:

Apg. 16, 10 „Als er aber das Gesicht gesehen hatte, suchten wir sogleich nach Mazedonien abzureisen, da wir schlossen, daß

Gott uns gerufen habe, ihnen das Evangelium zu verkündigen."
Wenn selbst Paulus, der wohl genügend übernatürliche Erfahrungen gemacht hatte, es für nötig hielt, diesen Impuls seinen Brüdern zur Beurteilung vorzulegen, sollten wir es niemals versäumen, Führung von anderen beurteilen zu lassen.

Die Geschichte ist noch nicht zu Ende. Aufgrund dieser Vision kommen sie nach Mazedonien und in große Schwierigkeiten. Sie werden geschlagen und ins Gefängnis geworfen. Da sie aber klar wußten, daß sie sich im Willen Gottes befanden und nicht wieder mit der Grundsatzdiskussion beginnen mußten: sind wir noch im Willen Gottes, oder ist uns dies zugestoßen, weil wir unseren eigenen Weg gegangen sind, hatten sie sogar die Kraft, Gott mitten im Gefängnis zu loben und auch noch so ein Zeugnis zu sein. *Apg. 16, 25*
So kann man sich nur verhalten, wenn man sich trotz der widrigen Umstände geborgen im Willen Gottes weiß. Ohne es gewußt oder geplant zu haben, war diese Haltung der Anbetung der Auslöser für das Eingreifen Gottes, das zu dem Erdbeben führte und schließlich zur Bekehrung des Kerkermeisters. Wenn wir nur wissen, daß wir uns im Willen Gottes befinden, dann mag die Situation noch so hart und herausfordernd sein, wir werden durchkommen, denn die Gegenwart Gottes steht hinter uns.

Prinzip: In der Zeit, in der Du auf das wegweisende Reden Gottes wartest, ist es wichtig, daß Du in Bewegung bleibst, so wie ein Auto besser in eine Richtung zu lenken ist, wenn es langsam rollt. Jedes Abkapseln und Verkrampfen kann die Situation nur schwieriger machen.

Die letzten drei Beispiele beschrieben uns, wie der Heilige Geist neue Wege weist und einzelnen klare Missionsaufträge gab.
Unsere nächsten Textabschnitte in der Apostelgeschichte zeigen uns, wie der Heilige Geist Paulus auf eine Trübsalssituation vorbereitet.

Apg. 20, 22+23 „Und nun siehe, gebunden im Geist, gehe ich nach Jerusalem und weiß nicht, was mir dort begegnen wird, außer daß der Heilige Geist mir von Stadt zu Stadt bezeugt und sagt, daß Bande und Drangsale auf mich warten."

Paulus bekommt nicht nur einmal den Hinweis, daß ihn in Jerusalem eine schwierige Situation erwartet, sondern es wird ihm von Stadt zu Stadt bezeugt, nicht nur in einem persönlichen Hören, sondern auch von anderen.

In Tyrus geht es ihm wieder so. Andere Jünger empfangen ähnliches Reden des Heiligen Geistes, interpretieren es und raten Paulus, nicht nach Jerusalem zu gehen.

Apg. 21, 4 „Nachdem wir die Jünger gefunden hatten, blieben wir 7 Tage dort; diese sagten dem Paulus durch den Geist, er möge nicht nach Jerusalem hinaufziehen."

Wir haben darauf zu achten, daß wir in diesem Vers nicht die übliche Formulierung vorfinden „dies sagt der Heilige Geist: gehe nicht nach Jerusalem!", sondern den Ausdruck „diese sagten durch den Geist . . . ". Diese Formulierung führt uns zu der Auslegung, daß diese Jünger sicherlich wie Paulus und andere vorher vom Heiligen Geist hörten, daß ihn Bande und Drangsale in Jerusalem erwarten, sie es in ihrer Sorge um Paulus aber gleich so interpretieren, daß er deshalb nicht nach Jerusalem gehen dürfe. Ihre Mitteilung „durch den Geist" beinhaltet also ihre Interpretation der göttlichen Botschaft.

Kurze Zeit später in Cäsarea stößt der Prophet Agabus zu ihnen.

Apg. 21, 11-14 „Und er kam zu uns und nahm den Gürtel des Paulus und band sich die Füße und Hände und sprach: dies sagt der Heilige Geist: den Mann, dem dieser Gürtel gehört, werden die Juden in Jerusalem so binden und in die Hände der Nationen überliefern. Als wir aber dies hörten, baten sowohl wir als auch die Einheimischen, daß er nicht nach Jerusalem hinaufgehen möchte. Paulus aber antwortete: Was macht ihr, daß ihr weint und mir das Herz brecht? Denn ich bin bereit, nicht allein gebunden zu werden, sondern auch in Jerusalem für den Namen des Herrn zu sterben. Als er sich aber nicht überreden ließ, schwiegen wir und sprachen: Der Wille des Herrn geschehe!"

Paulus wird durch Agabus nichts Neues gesagt. Agabus bestätigt, was Paulus schon seit Wochen von Stadt zu Stadt bezeugt wird. Aber was Agabus von den Jüngern in Tyrus unterscheidet, ist, daß er sich zurückhaltend beschränkt auf allein das, was der Heilige Geist sagt und die Interpretation Paulus überläßt. Von seiner Haltung können wir sicherlich einiges in bezug auf Übermittlung von Botschaften lernen.

Paulus wird die Beurteilung von den anderen nicht leicht gemacht. Sie hören die gleiche Botschaft und bestürmen ihn, nicht nach Jerusalem zu gehen. Aber Paulus bleibt fest und befolgt nicht den Rat einiger anderer. Wir finden hier eine Situation vor, in der Paulus das Reden Gottes anders auslegt, als viele seiner Begleiter. Was läßt Paulus zu diesem Schluß kommen?
Einmal war er nicht ohne Grund oder aus purer Abenteuerlust auf dem Weg nach Jerusalem, sondern „gebunden im Geist". Er hatte einen Auftrag, unter anderem eine Geldsumme nach Jerusalem zu überbringen: *Apg. 20, 22*
„Nun aber reise ich nach Jerusalem im Dienst für die Heiligen. Denn es hat Mazedonien und Achaja wohlgefallen, eine Beisteuer zu leisten für die Bedürftigen unter den Heiligen, die in Jerusalem sind." *Rö. 15, 25*
Das Wissen um diesen „Dienst für die Heiligen" in Jerusalem half ihm, dieses unmißverständliche, immer wiederkehrende Reden des Heiligen Geistes richtig einzuordnen. Er konnte daraus nicht wie manche andere schließen, daß seine Reise abgebrochen werden sollte, denn schließlich gehören Leiden mit in die Nachfolge:
„Alle aber auch, die gottesfürchtig leben wollen in Christus Jesus, werden verfolgt werden." *2. Tim. 3, 12*

Allein die Tatsache, daß Schwierigkeiten auftauchen würden, war kein Grund für ihn, die Reise abzubrechen. Er nahm es vielmehr als eine wertvolle Vorausinformation, um sich innerlich auf die schwierige Situation vorbereiten zu können. So konnte er in der Gewißheit, im Willen Gottes zu stehen, dieser Zeit ins Gesicht sehen, ohne an seinem Schicksal zweifeln zu müssen.

Prinzip: Bei der Beurteilung des Redens des Heiligen Geistes haben wir nicht nach der für uns angenehmsten und gefahrlosesten Auslegung zu suchen, sondern sie im Zusammenhang mit allen anderen Hinweisen richtig zu deuten. Der bequemste Weg ist nicht immer der richtige. Gott bereitet uns manchmal auch auf Trübsalssituationen vor, so daß wir sie, wenn wir in ihnen stehen, richtig einordnen können.

Ein weiterer Gedanke ist wertvoll für uns. Paulus war nicht der Ansicht, daß dieses Reden des Heiligen Geistes prädestinierend war, d. h., daß es genauso eintreffen mußte, wie es vorhergesagt wurde. Er nahm die Prophetien als einen Hinweis, im Gebet zu kämpfen und sich vorzubereiten.

Rö. 15, 30+31 „Ich bitte euch aber, Brüder, durch unseren Herrn Jesus Christus und durch die Liebe des Geistes, mit mir zu kämpfen in den Gebeten für mich zu Gott, damit ich von den Ungehorsamen in Judäa errettet werde und mein Dienst für Jerusalem den Heiligen angenehm sei.“

Wenn Gott also in eine persönliche Situation durch den Heiligen Geist sagt, daß etwas Bestimmtes geschehen wird, heißt es noch nicht, daß es unbedingt eintreffen muß, sondern daß es geschehen wird, wenn gewisse Umstände und Haltungen sich nicht ändern. Paulus war der Ansicht, daß der Gebetskampf der Christen die vorausgesagten Ereignisse verändern könnten.

Diese Zusammenhänge werfen Licht auf unsere persönlichen Situationen, in denen wir prophetische Zusagen bekommen. Persönliche Prophetien, die Dir gegeben werden, müssen nicht unbedingt so eintreffen. Das Eintreffen hängt von gewissen Bedingungen ab.

Natürlich gibt es in der Bibel Prophetien, die unbeeinflußbar sind, etwa die in bezug auf die Heilsgeschichte und die Wiederkunft Jesu. Aber Prophetien, die unser persönliches Glaubensleben betreffen, sind nicht von vornherein prädestiniert.

Hes. 33, 14-16 In Hesekiel lesen wir: „Wenn ich aber zu dem Gesetzlosen spreche: Du sollst gewißlich sterben; und er kehrt von seiner Sünde um und übt Recht und Gerechtigkeit, so daß der

Gesetzlose das Pfand zurückgibt, Geraubtes erstattet, in den Satzungen des Lebens wandelt, ohne Unrecht zu tun, so soll er gewißlich leben, er soll nicht sterben; aller seiner Sünden, die er begangen hat, soll ihm nicht gedacht werden; Recht und Gerechtigkeit hat er geübt, er soll gewißlich leben."

Hier haben wir die Situation, daß Gott klar und unmißverständlich ein prophetisches Gerichtsurteil spricht:
„Du sollst gewißlich sterben!" Beim Weiterlesen ist interessant festzustellen, daß Gott dieses Urteil nicht für unabänderlich hält, sondern ausdrückt, daß er es zurücknehmen wird, wenn dieser Mensch seine Sünden bereut, wieder gutmacht und aufrichtig leben will. Die Erfüllung dieser Prophetie ist also nicht prädestiniert, sondern beeinflußbar von der Reaktion des Betroffenen.
Jona wurde als Prophet in eine ähnliche Situation gestellt, wollte dieses Prinzip Gottes nicht anerkennen und rebellierte gegen Gottes Barmherzigkeit. Als er nach anfänglichen großen persönlichen Schwierigkeiten endlich soweit war, Gottes Mundstück zu sein, verkündigte er in Ninive dieses harte Urteil:
„Noch 40 Tage, so ist Ninive umgekehrt!" *Jona 3, 4*
Die Bürger Ninives reagierten richtig, sie nahmen diese Prophetie nicht als einen unabänderlichen Urteilspruch, sondern taten Buße und kehrten um zu Gott. Gott änderte seine Absicht und ließ die Zerstörung nicht geschehen, sehr zum Verdruß des Jona. Er hatte die Prinzipien Gottes nicht verstanden.

Natürlich kann ein Volk oder auch ein einzelner sich so tief in Sünde verstricken, daß es keine Umkehr mehr gibt.
„Aber sie verspotteten die Boten Gottes und verachteten seine Worte und äfften seine Propheten, bis der Grimm des Herrn gegen sein Volk stieg, daß keine Heilung mehr war." *2. Chr. 36, 16*

Buße ist kein Allheilmittel für meinen konstant fortgesetzten Ungehorsam. Rebellion und Spott gegen Gottes Gebote kann in eine Situation hineinführen, in der es keine Heilung mehr gibt.

Das Prinzip Gottes für sein Reden gilt nicht nur für die Gerichtsurteile sondern auch für die Segnungen Gottes.

Jer. 18, 7-10 „Einmal rede ich über ein Volk und über ein Königreich, es auszureißen und abzubrechen und es zu zerstören; kehrt aber jenes Volk, über welches ich geredet habe, von seiner Bosheit um, so lasse ich mich des Übels gereuen, das ich ihm zu tun gedachte. Und ein anderes Mal rede ich über ein Volk und über ein Königreich, es zu bauen und zu pflanzen; tut es aber, was Böse ist in meinen Augen, so daß es auf meine Stimme nicht hört, so lasse ich mich des Guten gereuen, das ich ihm zu erweisen gesagt hatte."

Wenn Gott Dir eine Segensverheißung gibt, etwa Dich finanziell zu segnen oder Heilung von einer bestimmten Krankheit, heißt es noch nicht, daß dies unbedingt eintreffen muß. Dein Ungehorsam und eigenwilliges Handeln kann den Willen Gottes in bezug auf diesen verheißenen Segen beeinflussen. Hier liegt bei vielen Christen Unwissenheit vor. Gott hat ihnen eine Verheißung gegeben und sie meinen, egal, was sie tun und lassen, es wird schon eintreffen. Wenn es nicht geschieht, rebellieren sie gegen Gott und den Übermittler der Verheißung und nehmen nicht zur Kenntnis, daß ihr Ungehorsam und ihre Sünde die Erfüllung der Verheißung verwirkt haben.

Wenn Gott einem Gebetskreis durch Visionen und Weissagungen zu verstehen gibt, daß er durch sie ihre ganze Stadt segnen und in eine Erweckung führen will, bedeutet dies noch lange nicht, daß es auch unbedingt eintreffen wird. Es wird nur eintreffen, wenn dieser Kreis es als einen Ansporn nimmt, weiterhin in Disziplin und Gehorsam vor ihrem Herrn zu bleiben und geistlich zu wachsen, sonst wird der Herr ohne weiteres diese Berufung von ihnen nehmen können und eventuell anderen geben.

Diese göttlichen Prinzipien haben wir beim Umgang mit Verheißungen sehr wohl zu sehen und in Rechnung zu stellen.

Prinzip: Eine für Dich gegebene Verheißung, als Gerichtsspruch oder Segen, bedeutet noch nicht, daß sie unbedingt so eintreffen muß. Ihre Erfüllung ist abhängig von Deinem Gehorsam und Deiner geistlichen Disziplin.

DER FRIEDE DES CHRISTUS – PASSIVE FÜHRUNG 11

In diesem Kapitel kommen wir auf eine ganz feine und großartige Art von Führung zu sprechen: Der „Friede des Christus", der in uns wie ein Kampfrichter für oder gegen eine Handlung entscheiden soll. So formuliert es Paulus im Kolosserbrief: „Und der Friede des Christus regiere (oder entscheide, sei Kampfrichter) in euren Herzen." *Kol. 3,15*

Was für ein wunderbarer Sachverhalt! Bei allen Entscheidungen wirkt diese innere Ruhe mit und soll ein Anzeiger sein für das, was ich gerade im Begriff bin zu tun. Gott möchte uns durch die von ihm gegebene Ruhe oder Unruhe lenken und auf dem richtigen Weg halten.

Paulus schildert uns eine Situation aus der Praxis: „Als ich aber zur Verkündigung des Evangeliums Christi nach Troas kam und mir eine Tür aufgetan wurde im Herrn, hatte ich keine Ruhe in meinem Geist, weil ich Titus, meinen Bruder nicht fand, sondern ich nahm Abschied von ihnen und zog fort nach Mazedonien." *2. Kor. 2, 12+13*

Hier sehen wir, wie für Paulus die fehlende Ruhe in seinem Geist ein Anzeiger ist, sich nicht länger in Troas aufzuhalten, sondern es als einen Hinweis Gottes zu nehmen, weiter nach Mazedonien zu ziehen. Selbst die „offenen Türen" vermochten ihn nicht aufzuhalten. Allein gute Möglichkeiten zur Mission zu haben, bedeutet noch nicht, daß man am richtigen Platz ist.

Diese Art der Entscheidungshilfe durch den inneren Frieden ist faszinierend, aber wir sehen sicherlich gleich, daß die Voraussetzung für solch eine Art von Führung die ist, erst einmal in die Ruhe Gottes eingegangen zu sein und sich den ganzen Tag in seinem Frieden zu bewegen. Sonst werden wir wohl hauptsächlich Fehlanzeigen bekommen.

Wenn ich lustlos und unwirsch in den Tag hineingehe, wie soll mich dann der „Friede des Christus" zu einer Entscheidung motivieren können? Oder wenn mir jede neue Situation von vornherein schon ein Unwohlsein hervorruft und ich mich mit Sorgen und Angst herumplagen muß, fällt dieser innere Friede als Entscheidungskriterium aus. Es wäre fatal, sich in solch einer Gemütsverfassung auf den „Frieden des Christus" als Entscheidungshilfe zu berufen.

Ich war spät abends mit dem Auto auf der Rückfahrt von einem Einsatz. Da die Autobahn frei war, konnte ich mit hoher Geschwindigkeit auf der linken Fahrspur fahren. Ich freute mich auf zu Hause, hörte Anbetungsmusik aus dem Kassettenrecorder und lobte Gott auf deutsch und in Zungen. Ich überholte gerade einen Wagen, als mich plötzlich ohne äußeren Anlaß eine Unruhe ergriff mit dem unausgesprochenen Impuls, auf die Bremse zu treten. Dies alles mußte sich in wenigen Sekunden abgespielt haben. In dem Moment, in dem ich abbremste, sprang das neben mir fahrende Auto wie ein Hase vor meine Kühlerhaube, weil ein anderer Wagen, ohne die Vorfahrt zu beachten, einfach in die Autobahn eingeschert war. Ich pries Gott für die Bewahrung. Nicht auszudenken, was geschehen wäre, wenn wir bei dieser Geschwindigkeit zusammengestoßen wären.
Bei der Weiterfahrt mußte ich über diesen Vorfall nachdenken. Ohne Zweifel, diese Unruhe und der Impuls zu bremsen, kam durch den Heiligen Geist. Wäre ich auch sensibel genug gewesen, dieses herauszuhören, wenn ich zum Beispiel voller Ungeduld und Mißmut über irgendeine Situation hinter dem Steuer gesessen hätte oder Unterhaltungsmusik auf volle Lautstärke gedreht hätte? Wie wichtig ist es doch, in eine Haltung zu kommen, in der der innere Empfänger immer auf Empfang gestellt ist, um die Impulse des Heiligen Geistes aufnehmen zu können.

Wir müssen es also erst einmal lernen, in diesen Frieden einzugehen und darin zu bleiben. Der erste Schritt ist, daß ich wirklich Frieden mit Gott mache, d. h., daß ich

meine egoistischen Wege sein lasse, ihn wirklich zum Herrn über mein Leben mache und endlich das tue, was mir aus der Bibel klar geworden ist: „O daß du gemerkt hättest auf meine Gebote! dann würde dein Friede gewesen sein wie ein Strom, und deine Gerechtigkeit wie des Meeres Wogen. Kein Friede den Gesetzlosen! spricht der Herr.“ *Jes. 48, 18+22*
Du wirst keinen dauerhaften Frieden in Dir bewahren können, solange es Dinge gibt, die zwischen Dir und Deinem Herrn stehen: Unversöhnlichkeiten, verborgene Sünden und Leidenschaften, unterlassene Aufgaben, die Gott Dir aufs Herz gelegt hat. Diese Dinge machen Dich zu einem Gesetzlosen, weil Du um sie weißt und sie nicht tust. „Kein Friede den Gesetzlosen!“

Darüberhinaus sagt uns das Neue Testament, daß diese kostbare Gabe des Friedens eine Frucht ist: „Die Frucht des Geistes aber ist: Liebe, Freude, Friede ...“ *Gal. 5, 22*
Nicht umsonst wird hier ein Begriff aus der Natur genommen. Eine Frucht zeigt sich nicht plötzlich über Nacht, sondern ist das Ergebnis eines ausdauernden Pflegens, Begießens und Beschneidens. Damit eine gute Frucht entstehen kann, bedarf es Einsatz und Arbeit. Es muß etwas dafür getan werden!
Genauso ist es mit dem Frieden. Er ist eine Frucht des Geistes, und um ihn wachsen und beständig behalten zu können, müssen eine Reihe von Bedingungen eingegangen werden.
„Großen Frieden haben die, die dein Gesetz lieben. Sie trifft kein Straucheln.“ *Ps. 119, 165*
„Den festen Sinn bewahrst du in Frieden, in Frieden; denn er vertraut auf dich.“ *Jes. 26, 3*

Die größten Gegenspieler unseres inneren Friedens sind Unruhe, Sorgen, Angst und Unglaube. All dies spielt sich in unseren Gedanken ab. Also haben wir unserem Gedankenleben eine besondere Beachtung zu schenken. Alles, was wir durch Sehen oder Hören aufnehmen, wird unser Gedankenleben und damit unseren inneren Frieden beeinflussen. Darum der Hinweis, einen festen Sinn zu bekommen durch die Beschäftigung mit dem Wort Gottes. Dieser feste Sinn wird Dein Vertrauen in Gott wachsen lassen und Dich im Frieden bewahren.

Wenn Du nicht bereit bist, diesen Einsatz zu zeigen, wird es mit der Entwicklung der Frucht des Friedens in Deinem Leben nicht weit kommen.
Viele Christen beklagen sich in der Seelsorge über Unruhe, Angstzustände, Sorgen, derer sie nicht mehr Herr werden und möchten diese Belastungen möglichst schnell und mühelos wieder loswerden. Am liebsten durch das Gebet und die Anrührung eines vollmächtigen Gottesmannes. Wir leben zwar in einer „Instant-Zeit". Instant-Kaffee, Instant-Tee, Instant-Suppe: einmal anrühren – fertig! Aber Gott zeigt uns in der Bibel seine eigenen Prinzipien auf, wie wir zu seinem Frieden kommen: Durch die beständige Beschäftigung mit seinem Wort!

Im Philipperbrief geht Paulus auf den Frieden Gottes ein und sagt, daß dies etwas sei, was all unser menschliches
Phil. 4, 7 Denken und Vorstellungsvermögen sprengt. „Und der Friede Gottes, der allen Verstand übersteigt, wird eure Herzen und Gedanken bewahren in Christus Jesus."
Tatsächlich, dieser Frieden nimmt uns heraus aus aller menschlichen Gebundenheit und Begrenzung und läßt uns unsere Gotteskindschaft genießen. Dieser Frieden kommt direkt vom Thron Gottes, ihn wird ein Nichtchrist niemals erfahren können.
Joh. 14, 27 „Frieden lasse ich euch, meinen Frieden gebe ich euch; nicht wie die Welt gibt, gebe ich euch. Euer Herz werde nicht bestürzt, sei auch nicht furchtsam."
Es ist wunderbar, diesen Frieden als Verheißung zu haben und mit ihm durch den Tag zu gehen. Wir haben aber zu sehen, daß diese Verheißung: „Der Friede Gottes, der allen Verstand übersteigt . . . ", die oft als Abschlußsegen nach Gottesdiensten ausgesprochen wird, in einem Kontext steht und herausgerissen aus dem Sinnzusammenhang wohl kaum etwas bewirken wird. Wer Phil. 4, 7 zitiert, muß auch Vers 6 erwähnen, denn diese beiden Verse sind mit einem „und" verbunden und gehören zusammen.

„Seid um nichts besorgt, sondern laßt in allem durch Gebet und Flehen mit Danksagung eure Anliegen vor Gott kundwerden und der Friede Gottes . . . “ *Phil. 4, 6*

Das ist also der Preis, den wir zu zahlen haben, damit der alles menschliche Denken sprengende Friede in uns bleiben kann: um nichts besorgt zu sein und alle unsere Anliegen bei Gott abzuladen. Sorgen und Frieden vertragen sich nicht, entweder wird das eine oder das andere mein Gedankenleben bestimmen. Und es ist so schwer, die Sorgen wirklich bei Gott zu lassen. Wir werfen sie auf Gott, aber kaum sind wir aufgestanden, quälen sie schon wieder unsere Gedanken.

Paulus weiß, wie schwer es sorgengequälten Menschen fällt, ihre Sorgen abzugeben und sie gegen den Frieden Gottes einzutauschen. Deshalb zeigt er uns in diesen Versen eine schrittweise Therapie der Befreiung. Der erste Schritt: „Freut euch im Herrn allezeit! Wiederum *Phil. 4, 4* will ich sagen: Freut euch!“ Egal, wie schwer es für Dich ist, wie hart die Herausforderung auch ist, Du kannst Dich immer und in jeder Situation im Herrn freuen. Paulus möchte, daß Du Deine Augen abwendest von Dir und Deinen Problemen und Dich in Gott freuen kannst. Dies ist sicherlich ein großer Willensakt, aber er wird der erste Schritt zur Befreiung von Sorgen sein.
Mit der nächsten Therapiestufe geht Paulus einen Schritt weiter: „Laßt eure Milde kundwerden allen Menschen; der *Phil. 4, 5* Herr ist nahe.“ In Sorgen gefangene Menschen stehen in der Gefahr, nur an sich und ihre Probleme zu denken. Bewußt oder unbewußt bemühen sie sich um Aufmerksamkeit und Zuwendung von anderen Menschen und igeln sich so mehr und mehr in Pessimismus und Selbstmitleid ein. Paulus will diesen Teufelskreis sprengen mit der Aufforderung, sich anderen Menschen zuzuwenden und ihnen eine Freundlichkeit zu zeigen. Du wirst plötzlich merken, daß andere ähnliche oder noch schlimmere Probleme haben und sehen, daß Du eine Hilfe sein kannst und schon wird Dein Sorgenberg Dir nicht mehr so groß erscheinen. Wenn Du in Deiner Situation meinst, daß Du es nicht

schaffen wirst, mach Dir bewußt, daß Paulus sagt: „Der Herr ist nahe." Er wird Dir helfen, wenn Du nur anfängst. Wer diese beiden Therapieschritte vollzogen hat, dem wird es nicht mehr unmöglich sein, der nächsten Aufforderung
Phil. 4, 6 zu folgen: „Seid um nichts besorgt . . . ". Als Ergebnis wird seine Persönlichkeit und sein Denken von dem wunderbaren Frieden Gottes durchströmt und bewahrt werden.

Aber hiermit hört Paulus nicht auf. Er weiß, wie schnell der erworbene Friede durch Umwelteinflüsse wieder geraubt werden kann und fährt mit seiner Unterweisung
Phil. 4 fort: „Übrigens, Brüder, alles, was wahr, alles, was ehrbar,
8+9 alles, was gerecht, alles, was rein, alles, was liebenswert, alles, was wohllautend ist, wenn es irgendeine Tugend und wenn es irgendein Lob gibt, das erwägt! Was ihr auch gelernt und empfangen und gehört und an mir gesehen habt, das tut, und der Gott des Friedens wird mit euch sein."

Paulus spricht unser Gedankenleben und unseren Umgang an und sagt hier, was wir zu denken und zu tun haben, damit dieser Friede dauerhaft mit uns sein kann. Wir sollten nur Dinge, die rein, liebenswert und gut sind, in unseren Gedanken und unserer Konversation erwägen und so dem Frieden Gottes einen fruchtbaren Boden lassen, sich weiter zu entwickeln.

Jeder möchte gern Frieden haben und sich vom „Frieden
Ps. 34, 15 des Christus" leiten lassen, aber wer ist bereit, den „Frieden zu suchen und ihm nachzujagen"?

Dieses waren eine Reihe von Gedanken, wie man den „Frieden Gottes" erlangen und bewahren kann. Es ist eine großartige Art der Führung, sich durch den „Frieden des Christus" in den anfallenden Entscheidungen leiten zu lassen, aber nur ein Mensch, der es gelernt hat sich im Frieden Gottes zu bewahren, ganz gleich, wie die Umstände sind, kann diese feine Art der Führung in Anspruch nehmen.

Nimm die Gedanken dieses Kapitels zu einem Ansporn, diese Frucht des Geistes zu kultivieren und zu pflegen, daß sie auch in Deinem Leben zum Tragen kommen kann.

Prinzip: Wir haben die Verheißung der Bibel, durch den „Frieden des Christus“ in unseren Entscheidungssituationen geleitet zu werden. Dies wird aber nur zuverlässig sein, wenn wir es gelernt haben, uns ständig in diesem Frieden zu bewegen. Dieser Friede ist eine Frucht des Geistes, und es gibt eine Reihe von Bedingungen, daß diese Frucht wachsen kann.

12 WEISSAGUNGEN – DAS AMT EINES PROPHETEN

An den Beispielen in der Bibel sehen wir die Vielfalt des Redens Gottes. Gott hat nicht nur eine Art, sich dem Menschen mitzuteilen, sondern je nach der Situation und dem Empfangenden offenbart er sich auf die unterschiedlichste Art und Weise. Deshalb sollten wir Gott niemals vorschreiben, auf welche Weise er sprechen soll. „Dies alles aber wirkt ein und derselbe Geist und teilt jedem besonders aus, wie er will!“ *(1. Kor. 12, 11)*

Wir sollten offen sein für alle Impulse Gottes und sie so annehmen, wie Gott sie gibt. Das gilt besonders, wenn wir jetzt zu den etwas spektakulären Offenbarungen und Weissagungen, Visionen und Träumen kommen. Es ist eine klare Verheißung für unsere Zeit in den letzten Tagen, daß Gott gerade durch diese Manifestationen des Heiligen Geistes sprechen möchte: „Und es wird geschehen in den letzten Tagen, spricht Gott, daß ich von meinem Geist ausgießen werde auf alles Fleisch, und eure Söhne und Töchter werden weissagen, und eure Jünglinge werden Gesichte (Visionen) sehen, und eure Ältesten werden Traumgesichte haben.“ *(Apg. 2, 16+17)* Dies gilt also für uns, und trotzdem sollten wir aufpassen, daß wir uns nicht dem Reden Gottes verschließen, indem wir meinen, Gott muß durch eine Vision oder einen Engel zu mir sprechen, sonst rühre ich mich nicht. Dadurch, daß wir uns auf etwas Besonderes versteifen, verpassen wir vielleicht die Hinweise, die Gott auf andere Weise geben wollte. Wir sind frei und offen für alle seine guten Impulse, und es ist nach wie vor seine Sache, wie er zu uns sprechen will.

(1. Kor. 12, 8-11) Wenn wir nun die Gabe der Weissagung (Prophetie) so, wie sie uns als eine der neun Offenbarungen des Geistes im Korintherbrief aufgezählt wird, studieren, kommen wir zu der Feststellung, daß durch eine Weissagung eine Botschaft von Gott in einer bekannten Sprache weitergegeben wird.

Dabei handelt es sich nicht um etwas, was sich ein Mensch ausgedacht oder in der Bibel gelesen hat, sondern es ist eine aktuelle Offenbarung des Geistes und zwar zu einer Zeit und durch eine Person, wie der Heilige Geist es will. *1. Kor. 12, 7+11* Wir können es also nicht veranlassen, sollten aber immer offen und bereit sein, daß Gott uns als Kanal gebrauchen kann. Ja, es wird uns sogar gesagt, daß wir uns danach ausstrecken sollen: „Daher, Brüder, eifert danach, zu weissagen." *1. Kor. 14, 39* An anderer Stelle drückt Paulus aus, daß es möglich ist, daß alle Gläubigen von Gott durch Weissagung gebraucht werden können. „Ich möchte aber, daß ihr alle in Zungen redet, mehr aber noch, daß ihr weissagt." *1. Kor. 14, 5*
„Denn ihr könnt einer nach dem anderen alle weissagen, damit alle lernen und alle getröstet werden." *1. Kor. 14, 31*
In beiden Versen wird gesagt, daß alle Gläubigen in der Lage sein können, durch den Heiligen Geist zu weissagen. Es wird auch gesagt, wozu es gut ist: damit alle lernen und alle getröstet werden.

Eine Weissagung ist zur Erbauung, Ermahnung und Tröstung da. So wird es uns klar definiert: „Wer aber weissagt, redet zu den Menschen zur Erbauung und Ermahnung und Tröstung." *1. Kor. 14, 3*
Es ist interessant zu lesen, daß hier nicht von konkreter Wegweisung die Rede ist. In der Gabe der Weissagung ist in der Regel keine Vorhersage enthalten. Sie ist da zur Belehrung und Tröstung und soll uns durch die Ermahnung und Ermunterung zu standfesteren Christen machen.

Das mag für manch einen neu sein. Ich weiß, wie einmal ein recht kritischer Christ in unseren Kreis kam und einige Weissagungen mitverfolgte. Hinterher sagte er zu mir: „Komisch, das war doch alles nur so allgemeines Zeug aus der Bibel. Ich dachte, eine Weissagung bringt etwas ganz Neues und sagt etwas über die Zukunft aus."
Dieser Kommentar enthält zwei Mißverständnisse. Einmal wird das Reden des Heiligen Geistes niemals „etwas ganz Neues" bringen, weil sein Reden immer verwurzelt sein wird in dem schon geoffenbarten Wort Gottes. In einer Weissagung werden wir immer „allgemeines Zeug aus der

Bibel“ hören, welches der Heilige Geist für die aktuelle Situation einer einzelnen Person oder einer Gruppe herausgreift, um sie zu erbauen, ermahnen oder zu trösten. So wird nun einmal eine Weissagung in der Bibel definiert!

Ein zweites Mißverständnis ist, daß eine Weissagung eine Offenbarung über die Zukunft enthalten muß. Vorhersage ist dem Amt eines Propheten vorbehalten und gehört in der Regel nicht in die Gabe der Weissagung. Die Tatsache, daß jemand weissagt, macht ihn noch nicht zu einem Propheten. Das müssen wir sauber auseinanderhalten, damit sich niemand falsch einschätzt und sich zuviel anmaßt.

Wir haben als Kinder Gottes die Aufforderung, alle im richtigen Sinne zu weissagen. Aber in bezug auf das Amt des Propheten wird gesagt, daß es nicht alle innehaben:
1. Kor. „Sind etwa alle Apostel? alle Propheten? ...“. Prophet
12, 29 zu sein ist ein von Gott eingesetztes Amt zur Ausrüstung
Eph. 4, 11 der übrigen Heiligen: „Und er hat die einen als Apostel gegeben und andere als Propheten und andere als Evangelisten und andere als Hirten und Lehrer, zur Ausrüstung der Heiligen für das Werk des Dienstes, für die Auferbauung des Leibes Christi.“

Die Aufforderung, daß wir alle weissagen können und dann der Hinweis, daß nicht alle Propheten sind, zeigt uns, daß jemand, der die Gabe der Weissagung hat, noch lange kein Prophet sein muß. Zum Amt des Propheten gehören zusätzlich die Offenbarungsgaben wie das Wort der Weisheit, das Wort der Erkenntnis und die Unterscheidung der Geister. Wie sollte er sonst Offenbarungen über das Kommende weitergeben können?

Außerdem werden Weissagungen und Offenbarungen nebeneinander aufgeführt und müssen so auch unterschied-
1. Kor. 14, 6 liche Inhalte haben. „Jetzt aber, Brüder, wenn ich zu euch komme und in Zungen rede, was werde ich euch nützen, wenn ich nicht zu euch rede in Offenbarung oder in Erkenntnis oder in Weissagung oder in Lehre?“
1. Kor. „Was ist nun Brüder? Wenn ihr zusammenkommt, so hat
14, 26 ein jeder einen Psalm, hat eine Lehre, hat eine Zungenrede, hat eine Offenbarung, hat eine Auslegung, alles geschehe zur Erbauung.“ Weissagungen, bzw. Auslegungen einer Zungenrede, mit der Absicht zu erbauen, ermahnen

und zu trösten, werden abgegrenzt gegen Offenbarungen, die offensichtlich Vorhersage beinhalten.

Diese Unterscheidung sollte jemanden, der die Gabe der Weissagung hat, davor bewahren, seine Begabung falsch einzuordnen und zu meinen, er könne oder müsse auch Vorhersagen von sich geben. In der Apostelgeschichte finden wir zukunftsweisende Offenbarungen hauptsächlich innerhalb des Amtes eines Propheten.

„In diesen Tagen kamen Propheten von Jerusalem nach Antiochien herab. Einer aber von ihnen, mit Namen Agabus, stand auf und zeigte durch den Geist eine große Hungersnot an, die über den ganzen Erdkreis kommen sollte; sie trat auch unter Klaudius ein. Sie beschlossen aber, daß, wie einer der Jünger begütert war, jeder von ihnen zur Hilfeleistung den Brüdern, die in Jüdäa wohnten, senden sollte; das taten sie auch, indem sie es durch die Hand des Barnabas und Saulus an die Ältesten sandten." *Apg. 11, 27-30*

„Als wir nun mehrere Tage blieben, kam ein Prophet mit Namen Agabus von Judäa herab. Und er kam zu uns und nahm den Gürtel des Paulus und band sich die Füße und die Hände und sprach: Dies sagt der Heilige Geist: Den Mann, dem dieser Gürtel gehört, werden die Juden in Jerusalem so binden und in die Hände der Nationen überliefern." *Apg. 21, 10+11*

Agabus war ein begabter Prophet, der in großer Weisheit und Zurückhaltung sein von Gott gegebenes Amt wahrnahm.

Natürlich haben wir auch Beispiele, in denen andere Personen von Gott gebraucht wurden, Vorhersagen weiterzugeben. Die Abgrenzung schließt nicht aus, daß Gott Dich gelegentlich in einer bestimmten Situation gebraucht, „das Kommende" oder „das Verborgene des Herzens" auszusprechen. Ansonsten gehört diese sehr verantwortungsvolle Aufgabe zu dem Amt des Propheten, von denen wir sicherlich zu wenig haben.

Meine Frau und ich können bezeugen, daß Gott uns in unserer großen Familie immer wieder durch die Manifesta-

tion der Geistesgaben geholfen hat, unsere Kinder richtig aufzunehmen und anzufassen.
Ein Mädchen bekamen wir im Alter von 4 Monaten. Sie hatte schon eine sehr schwere Zeit hinter sich. Vier Wochen nach der Geburt wurde sie mit Polizeigewalt aus der Wohnung ihrer Mutter geholt, vollkommen unterernährt und den Körper voller offener Wunden. Nach drei Monaten Klinikaufenthalt kam sie zu uns. Wir nahmen sie mit Liebe auf und investierten an Zuwendung, was wir konnten. Die Monate verstrichen und das Kind war nicht in der Lage, diese Zuwendung zurückzugeben. Fast immer ein finsterer Blick, eine krausgezogene Stirn und konstantes Knören. Ein typischer „schwerer Hospitalismusfall"! Sechs Monate verstrichen, keine Besserung. Wir wußten uns nicht mehr zu helfen als anzunehmen, daß hier finstere Mächte im Spiel waren. Aber auch das allgemeine Befreiungsgebet half nicht weiter. Bis eines Tages Gott durch eine Weissagung die okkulten Zusammenhänge aufdeckte und uns so den Schlüssel für die Befreiung gab. Wir folgten der Anweisung dieser Offenbarung und formulierten es entsprechend im Gebet, und innerhalb weniger Tage war das Kind frei und gelöst. Heute fällt es fast jedem unserer Besucher als eines der fröhlichsten Kinder auf. Hier wurden uns Zusammenhänge, die wir menschlich nicht erfassen konnten, durch die Offenbarung des Geistes aufgedeckt.

Wir haben die Verheißung, daß Gott uns durch seinen Geist leiten will. Das kann hineingehen bis in unsere alltäglichen Situationen. Er möchte uns helfen, unseren Weg richtig und verantwortungsvoll zu gehen.

Eines unserer Kinder hatte etwas angestellt. Ich rief sie alle zusammen und fragte, wer es gewesen war. Alle schauten mir unschuldig in die Augen und beteuerten, nichts damit zu tun gehabt zu haben. Was sollte ich als Vater tun? Eine enorme Herausforderung! Beließ ich es dabei, bedeutete es für das betroffene Kind, einen schlechten Sieg davongetragen zu haben mit dem Erfolgserlebnis, durch Lügen und eine fröhliche Maske davongekommen zu sein.

Wirklich keine gute Erfahrung für die Zukunft! Ich stand vor den damals 8 Kindern und betete leise: Herr, hilf mir, daß wir diesem Kind helfen können, seinen Weg aufrichtig zu gehen. Da gab mir Gott einen Namen in den Sinn. Ich schaute das Kind an und sagte lieb und bestimmt: „Meinst Du nicht, daß es besser ist, wenn Du es jetzt zugibst und wir die Sache wieder in Ordnung bringen?" Sie brach in Tränen aus, gestand den Sachverhalt, konnte ihn wieder in Ordnung bringen und machte die prägende Erfahrung, daß Gott alles mitbekommt und uns weiterhelfen möchte.

Ich bin sicher, daß, wenn Gott uns Aufgaben gibt und wir belehrbar sind und geistlich wachsen, er uns die Fähigkeiten und Hilfen gibt, sie siegreich auszuführen.

Gerade aus unserem Familienleben können wir von vielen Wundern und Führungen berichten. Wir hätten sie nie erlebt, wenn wir unser Leben „auf Nummer sicher" geplant hätten und seinen Plänen nicht gefolgt wären. Wir wissen, daß er jedes einzelne Kind hineingeführt hat in unsere Familie, daß es dort seinen Platz hat und wir immer genügend Kraft, Liebe und auch finanzielle Mittel für sie haben werden. Niemand wird diese Kinder aus unserer Obhut reißen können. Dieses zu glauben fällt nicht schwer, wenn alles glatt läuft. Aber die Testsituationen kommen auch, und dann braucht man oft das tröstende Wort, um an der Aufgabe festhalten zu können.
Wir standen mehrmals in der Situation, daß uns Kinder wieder weggenommen werden sollten, einmal ging es bis zu Gerichtsverhandlungen, aber immer konnten wir in dieser tiefen Ruhe bleiben, weil Gott mehrmals bestätigend gesprochen hatte: „Ihr habt jedes einzelne Kind in meinem Willen empfangen, und niemand wird es aus eurer Obhut reißen."
Es ist eine wunderbare Sache im Willen Gottes zu leben und seine Wegweisung, Ermahnung und Tröstung zu empfangen.

Prinzip: Die Bibel macht einen Unterschied zwischen der Gabe der Weissagung und dem Amt des Prophe-

ten. Eine Weissagung ist in der Regel da zur Erbauung, Ermahnung und Tröstung, im Amt eines Propheten sind darüberhinaus Offenbarungsgaben enthalten. Wer die Gabe der Weissagung hat, ist noch lange kein Prophet und sollte seine Begabung nicht überschätzen.

TRÄUME UND VISIONEN 13

Im Alten wie auch im Neuen Testament haben wir viele Berichte, wie Gott in Träumen und Visionen zu Menschen sprach und ihnen so Ermutigung, Zurechtweisung oder Wegweisung gab *).

Der Ablauf von Träumen und Visionen ist sich vom Geschehen her ziemlich gleich. Nur ist es so, daß man bei einem Traum etwas sieht und hört während man schläft, während man man bei einer Vision übernatürliche Äußerungen von Worten hört oder eine geistige Sicht hat, während man wach ist.
Das, was man sieht, ist sehr realistisch, wie ein aktueller Lebensabschnitt. Manchmal ist es ein festes Bild, in anderen Situationen aber auch eine Szene, die sich aufbaut, wie in einem Film. Gewöhnlich ist der Ablauf kurz, in sich logisch und klar gegliedert mit einem Ziel. Nicht hin und her springend und verwirrend. Beim Aufwachen oder Abschluß der Vision fühlt man sich nahe bei Jesus, herausgefordert und innerlich erfrischt.

Natürlich muß man gerade bei Träumen und Visionen in Rechnung stellen, daß es drei Quellen von Impulsen gibt: Gottes Geist, Satan und unsere Phantasie, wobei unserer Phantasie sicherlich der Hauptanteil der Fehlerquellen zukommen wird. Die Bibel sieht diesen Bereich sehr nüchtern und räumt ein, daß bei einer Vision der eigene Wunsch der Auslöser gewesen sein könnte und Träume auch die Verarbeitung der Tagesbeschäftigung darstellen können. „Träume kommen durch Geschäftigkeit". Andererseits *Pred. 5, 3*
haben wir, wie schon aufgeführt, die klare Verheißung, daß Gott durch Träume und Visionen zu uns sprechen wird.

---

*) Eine ausführliche Erarbeitung des biblischen Materials findet sich in meinem Buch „Bausteine zum geistlichen Wachstum" unter dem Kapitel „Träume und Visionen", Bd. 4 Bibelstudien-Arbeitshefte

Wir haben hier also einen Bereich, wo große Nüchternheit erwartet wird und die Bereitschaft zur Beurteilung.

Träume können sich so abspielen, daß im Schlaf ein Engel erscheint und Dinge erklärt oder einen Auftrag gibt, wie
Mt. 1, 20 es z. B. bei Joseph geschah: „Während er aber sich überlegte, siehe, da erschien ihm der Engel des Herrn im Traum und sprach: Joseph, Sohn Davids, fürchte dich nicht, Maria, deine Frau, zu dir zu nehmen, denn das in ihr Gezeugte ist von dem Heiligen Geist."
Joseph stand in einer Entscheidungssituation und Gott griff durch einen Traum ein und gab Wegweisung, wie auch
Mt. 2, 13. 19 in späteren Situationen, als er im Traum den Auftrag bekommt, nach Ägypten zu fliehen bzw. wieder nach Israel zurückzukehren.

Andererseits kann ein Traum symbolhaft sein und muß dann durch von Gott gegebene Weisheit ausgelegt werden. Eine atemberaubende Situation finden wir am Königshofe Nebukadnezars vor, wohin Daniel und andere junge Männer aus Israel entführt waren.
Dan. 2, 1ff. Der König hatte einen symbolhaften Traum, der ihn sehr beunruhigte. Da er seinen Traumdeutern sowieso mißtraute, machte er ihnen zur Auflage, ihm sowohl den Traum als auch die Deutung zu berichten. Andernfalls wollte er sie und seine anderen Berater umbringen lassen. Daniel und seine Begleiter waren davon ebenfalls bedroht,
Dan. 2, 19 und Gott offenbarte Daniel den Traum und die Deutung, so daß er und die anderen Israeliten gerettet wurden und er zu großen Ehren kam. Für Daniel war es eine Gelegen-
Dan. 2, 28 heit auf Gott hinzuweisen, der Geheimnisse offenbart. Er nahm die Ehre nicht für sich in Anspruch, indem er es seiner Weisheit zuschrieb, sondern er gab Gott die Ehre.

1. Mo. 41, 1-8 Einen anderen symbolhaften Traum hatte Pharao, als Joseph an seinem Hofe war. Das Geschehen mit den sieben fetten und sieben mageren Kühen wußte Joseph richtig zu deuten. Er machte Pharao darauf aufmerksam, daß nach sieben ertragreichen Jahren eine Hungersnot von sieben

Jahren eintreten würde und man sich wirtschaftlich darauf einstellen müsse. Also eine Situation konkreter übernatürlicher Führung.

Wir müssen eines klar sehen: Deutung ist immer eine Gabe Gottes. Es reicht nicht aus, Eindrücke weiterzugeben oder ein Schemata aufgrund von Symbolen oder Farben zu entwickeln, das man dann auf alle Träume anwenden möchte. Eine gewisse Grundtendenz kann man so sicherlich feststellen, aber wir haben letztlich mit Joseph zu sprechen: „Sind die Deutungen nicht Gottes?“ Gott gibt die Bega- *1. Mo. 40, 8*
bung, wie er es auch bei Daniel getan hat, als er Gott seine konsequente Nachfolge gezeigt hatte: „Und diesen vier *Dan. 1, 17*
Jünglingen, ihnen gab Gott Kenntnis und Einsicht in aller Schrift und Weisheit; und Daniel hatte Verständnis für alle Visionen und Träume.“

Viele andere Berichte aus der Bibel und unserem Zeitgeschehen könnten angeführt werden. Ich persönlich kann keine Beispiele zu Träumen nennen, weil Gott mich bisher damit nicht gebraucht hat.
Wenn Träume richtig verstanden werden, sind sie nicht unbedeutend für das Leben im Willen Gottes. Gott hat und spricht auch in unserer Zeit durch Träume und gibt so Weisung und Verheißungen, kündigt Dinge an, die er geschehen lassen möchte oder gibt Bestätigung, daß wir in seinem Willen stehen.

Bei Visionen in Verbindung mit Führung finden wir es ähnlich wie bei Träumen, daß sie einen Einblick in die unsichtbare Welt darstellen können, wobei ein Engel oder auch Jesus zu einem spricht, sie ein symbolhaftes Geschehen zeigen, das gedeutet werden muß oder auch ein bevorstehendes Ereignis schildern, so daß man sich besser darauf einstellen kann.

In der Apostelgeschichte lesen wir, wie ein Engel dem *Apg. 10, 1ff.*
Hauptmann Cornelius in einer Vision erscheint und ihm Anweisung gibt, Männer nach Joppe zu Petrus zu schicken, um ihn zu holen.

Als Paulus in Jerusalem in einer sehr gefährlichen Situation
Apg. 22,17 steht, bekommt er übernatürliche Wegweisung: „Es geschah mir aber, als ich nach Jerusalem zurückgekehrt war und im Tempel betete, daß ich in Verzückung geriet und ihn sah, der zu mir sprach: Eile und geh schnell aus Jerusalem hinaus, denn sie werden dein Zeugnis über mich nicht annehmen."

Unter Verzückung ist hier nicht ein ekstatischer Zustand gemeint, sondern im Gegenteil ein Zustand tiefster Ruhe und Entspannung vor Gott, so daß Außenstehende meinen können, diese Person sei bewußtlos. In dieser Haltung sieht Paulus Jesus, der ihm einen dringend notwendigen Hinweis gibt.

Ein Bruder und ich waren zusammen zu einem missionarischen Einsatz in einem der Ostblockstaaten. Wir besuchten einen Christen, um mit ihm Gemeinschaft zu haben. Die Kunde unseres Daseins verbreitete sich so schnell, daß sich am Abend über 100 Menschen in seinem Wohnzimmer und Flur drängten. Wir erlebten Gott und konnten sein Wort mit den darauffolgenden Zeichen verkündigen. Menschen wurden errettet, erfüllt mit dem Heiligen Geist und Kranke geheilt. Wir kündigten für den nächsten Abend wieder eine Veranstaltung an.

Am nächsten Morgen bekamen wir Sorge, ob das wirklich richtig war. Brachten wir unseren Gastgeber und uns nicht in Gefahr durch den Auflauf so vieler Menschen? Konnte dies überhaupt unentdeckt bleiben? Als wir darüber ins Gebet gingen, gab mir Gott in einer Vision Einblick in die unsichtbare Welt. Ich sah, wie an den Wänden der Wohnung helle Gestalten, offensichtlich Engel, Schulter an Schulter wie eine Mauer aus Licht standen. Dann wurden meine Augen weitergeleitet und ich sah, wie das ganze Gebäude mit einer Mauer von Engeln umgeben war. Als ich meinen Bruder anstieß, um ihm das Gesehene zu berichten, sagte er nur: „Du brauchst mir gar nichts zu sagen, ich sehe genau das Gleiche". Wir nahmen diese Vision als Gottes bestätigenden Hinweis, daß wir in seinem Willen waren und wir so unter seinem Schutz weiterarbeiten durften, was dann auch unter großem Segen geschah.

Visionen, die ein symbolhaftes Geschehen beinhalten, finden wir sicher noch häufiger. Im Alten wie auch im Neuen Testament benutzte Gott diese feine Art, um seinen Kindern Zusammenhänge aufzuhellen und Wegweisung zu geben.

In der Apostelgeschichte lesen wir wie Petrus dreimal eine Vision hat, in der ein Gefäß mit vielen unreinen Tieren vor ihm steht mit der Aufforderung, diese Tiere zu schlachten und zu essen. Petrus kann sich diese Vision nicht erklären, bis die gesandten Männer mit der Einladung des Hauptmanns Kornelius vor der Tür stehen und der Heilige Geist ihm den Auftrag gibt, mit ihnen zu gehen. Erst dann wird ihm die Bedeutung der Vision klar: nämlich, daß Gott ihn zu den Heiden senden wollte. *Apg. 10,10 ff.*

Vor einigen Jahren hatte ich während eines Hauskreisabends folgende symbolhafte Vision: Ich sah um das Haus, in dem wir wohnten, einen Wall aus Feuer. Engel kamen, gingen durch den Feuerwall hindurch in das Haus und wieder zurück. Ebenso kamen Dämonen auf den Feuerwall zu, konnten aber nicht hindurchdringen, sondern prallten zurück. Meine Frau und ich waren sehr angetan von dieser Vision. Wir wußten nicht, was sie genau bedeuten sollte, aber auf jeden Fall beinhaltete sie Schutz und Geborgenheit. Ein halbes Jahr verging, als ein Bruder aus den Vereinigten Staaten bei einer Veranstaltung mich zu sich rief und mir folgendes sagte: „Ich war in meiner Heimatstadt im Gebet und der Herr zeigte mir in einer Vision das Haus, in dem Du wohnst. Ich sah, wie es mit einem Feuerwall umgeben war. Engel gingen durch den Feuerwall hindurch in das Haus und wieder hinaus. Dämonen versuchten es ebenso, kamen aber nicht durch den Feuerwall hindurch." Danach gab er mir noch einige Bibelstellen mit dem Inhalt, daß ich mich in Ruhe niederlegen könne und niemand mich aufschrecken würde.

Jeder kann sicherlich nachempfinden, daß uns diese Bestätigung vom anderen Ende der Welt ganz schön unter die Haut ging.

Die Zeit verstrich und wir vergaßen diese Begebenheit. Eineinhalb Jahre später kam der Besitzer des Hauses, in dem wir zur Pacht wohnten und teilte uns mit, daß er aus persönlichen Gründen jetzt dieses Haus verkaufen müßte. Er war darüber genauso niedergeschlagen wie wir, weil wir uns sehr schätzten und er immer nur das Beste für uns wollte. Wir wußten nicht, wie es weitergehen sollte, da wir überhaupt keine eigenen finanziellen Mittel hatten und an ein Hauskauf nicht zu denken war. Was für Möglichkeiten konnte es jetzt für eine 11köpfige Familie geben? Als mir die Panik durch die Glieder kriechen wollte und ich anfing kopflos zu werden, stand mir die Vision, die ich vor 2 Jahren hatte, auf einmal wieder vor Augen. Zeigte sie nicht an, daß Gott wollte, daß wir in diesem für uns idealangelegten Haus sicher wohnen sollten? Was konnte dieser Feuerwall sonst bedeuten? Und dann diese fantastische Bestätigung durch den Bruder? Wollte Gott uns schon seit zwei Jahren durch diese unmißverständlichen Zeichen klar machen, daß dies unser Haus sei, daß wir uns jetzt in dieser Krisensituation darauf berufen konnten, ruhig zu bleiben und auf Gott zu vertrauen? Ich stand vor einer Entscheidungssituation. Entweder hielt ich die Vision und die Bestätigung für Unsinn, verhielt mich dementsprechend und suchte, soweit es möglich war, nach etwas anderem, oder ich nahm es als das Reden Gottes und würde, obwohl ich keine Mittel hatte, das Haus erwerben. Das allerdings war total verrückt!

Es war nicht leicht, die Situation abzuwägen. Aber der Ablauf und die Bestätigung der Visionen standen unverrückbar vor unseren Augen. Ich war Gott dankbar, mir diese Zeichen vorher gegeben zu haben, als ich nicht in dieser Situation verwickelt war. Hätte ich sie jetzt erst bekommen, wäre ich wirklich in Sorge gewesen, daß ich sie mir in der notvollen Situation als mein Wunschdenken eingebildet hätte. Aber so hatte Gott die Situation weise eingefädelt und die Vision, die mir 2 Jahre lang nichts Besonderes zu sagen hatte, wurde jetzt weichenstellend.

Diesen Sachverhalt müssen wir öfters bei dem Reden Gottes berücksichtigen. Gott sagt vielleicht etwas, was wir in der aktuellen Situation nicht gleich einordnen können, aber wenn wir Geduld haben und sein Reden nicht vergessen, wird die Zeit kommen, daß wir es verstehen und benötigen.

Als einer der vielen Interessenten den Kaufvertrag mit dem Besitzer unterzeichnen wollte, faßte ich Mut und teilte ihm mit, daß ich das Haus kaufen würde. Er ging auf mein Angebot ein und wartete auf sein Geld. Wir durchstanden einige qualvolle Monate, lernten auszuharren und an der Verheißung Gottes festzuhalten. Schließlich ergab sich wie durch ein Wunder eine so günstige Finanzierung, die uns nicht mehr belastete als vorher, und das Haus gehörte uns! Hätte Gott nicht so unmißverständlich gesprochen, wir hätten den Schritt nicht gewagt.

Ein anderes Beispiel dafür, wie Gott durch Visionen redet: Ein junger Mann kam zu unserem Gebetskreis. Er war am Hadern mit Gott, wie er mir hinterher erzählte, saß in den Reihen und rebellierte gegen IHN. Er machte sich innerlich lustig über das, was geschah und dachte: Gott, wenn Du wirklich reden kannst, dann sprich doch zu mir durch den Leiter da vorn. Ohne daß ich wußte, was in seinen Gedanken vor sich ging, tat ich, als Leiter, in dem Moment meinen Mund auf und schilderte eine Vision, die vor meinen Augen ablief: Ich sah einen Menschen vor einer Felsschlucht stehen, der im Begriff war darüber zu springen, und ich konnte sehen, daß er es niemals schaffen würde. Dazu kam eine Weissagung: „Mein Kind, Du bist im Begriff vor mir wegzulaufen und etwas sehr Törichtes zu tun. Ich will Dir sagen, daß Du es nicht schaffen wirst und im Elend enden wirst. Kehr um zu mir!" Nach der Veranstaltung kam diese Person kreidebleich zu mir, erklärte die Zusammenhänge und sagte mir, daß sie im Begriff war, von zu Hause fortzulaufen und sich richtig auszuleben. Aber nach diesem Reden Gottes wollte er Buße tun und wieder mit Gott anfangen.

Preis dem Herrn! Er hat das richtige Wort zur richtigen Zeit und braucht Menschen, durch die er sprechen kann. Damit mich jeder richtig versteht, so etwas geschieht mir nicht am laufenden Band, sondern sind Einzelsituationen, die mich ganz klein halten vor Gott und in mir eine Sehnsucht bewirken, zu wachsen und belastungsfähiger zu werden, damit Gott mich gebrauchen kann, wann immer ER es für nötig hält.

Visionen sind eine ganz feine Art Gottes, seine Nähe zu demonstrieren, zu uns zu sprechen und uns zu leiten. Laß Dich durch diese Beispiele anspornen, ein konsequentes und geheiligtes Leben zu führen, daß Gott auch Dich begaben kann, wie er Daniel begabt hat, als er sich in seinem *Dan. 1, 17* Herzen vorgenommen hatte, sich nicht zu verunreinigen. Gott hält Ausschau nach Menschen, durch die er zum Segen anderer wirken kann.

Prinzip: **Gott hat verheißen, durch Träume und Visionen zu sprechen. Trotzdem räumt die Bibel ganz nüchtern ein, daß der Ursprung unsere Phantasie oder unser Wunschdenken sein kann. Wir brauchen Weisheit und Bereitschaft zur Beurteilung, um damit zuverlässig umgehen zu können.**

DAS MUSTER DER FÜHRUNG IN DER APOSTELGESCHICHTE 14

Nachdem wir als erstes in diesem Buch erarbeitet haben, daß Gott für Dich einen Lebensplan hat, in den er Dich, vielleicht für Dich oftmals unbewußt, hineinführen wird, wenn Du IHM die Herrschaft über Dein Leben konsequent und bedingungslos gegeben hast, haben wir die vielfältigen Prüfungskriterien für das subjektive Reden des Heiligen Geistes erarbeitet. Niemand sollte sich auf übernatürliche Führung einlassen, wenn er nicht bereit ist, alles Empfangene an diesen Kriterien zu prüfen: an der Bibel, als objektivem Maßstab, durch den erneuerten Sinn, dem Denken in Gottes Kategorien, durch die Beratung von Christen und die bestätigenden Umstände. Es ist nun einmal so, daß es verschiedene Quellen von Impulsen gibt: das Reden Gottes, unsere eigene Phantasie oder die Einflüsterungen Satans. Ohne solide Beurteilungskriterien und ein Leben in Reinheit und Heiligung sind wir diesen Impulsen hilflos ausgeliefert und können leicht in die Irre laufen.
Als letztes haben wir uns das direkte Reden des Heiligen Geistes angeschaut. Es ist faszinierend von ihm geführt zu werden, einmal durch den inneren Zeugen, der wie ein innerer Summer uns auf Situationen aufmerksam macht oder sogar durch sein direktes Reden in unsere Gedanken hinein. Darüberhinaus möchte er uns leiten durch die Gaben des Geistes, durch Weissagungen, Träume und Visionen.

In diesem Kapitel wollen wir nun noch einmal eine Zusammenfassung der verschiedenen Wege des Redens Gottes vornehmen, damit wir in unserer Erwartungshaltung vor Gott in einem gesunden Gleichgewicht bleiben und nicht etwa dorthin kommen, daß wir gewisse Arten von Führungen überbewerten.

Unser Lehrbuch wird wieder die Apostelgeschichte sein. In

ihr finden wir so lebensnah und praktisch das Leben der ersten Christen unter der Führung Gottes.
Ich möchte zu einem Bibelstudium anregen, das ich selbst mehrmals durchgeführt habe: Nimm Dir einmal die Apostelgeschichte und schreibe Dir alle geschilderten Entscheidungssituationen heraus und notiere, wie dort unter den ersten Christen die Antwort auf ihre Entscheidungen getroffen wurde.
Wir alle haben jeden Tag vielfältige Entscheidungen zu treffen. Manche sind nicht so wichtig und andere wiederum sehr verantwortungsvoll und folgenschwer. Wenn es in der Apostelgeschichte ein Muster gibt, wie man sich in Entscheidungssituationen verhalten kann, wird es für uns von großer Hilfe sein.
Beim Durcharbeiten der Apostelgeschichte unter dieser Fragestellung habe ich zumindest drei grundlegende Prinzipien entdeckt:
Als erstes wurde das Evangelium mit den darauffolgenden Zeichen ohne groß zu reflektieren immer verkündigt. Wo sie auch waren, das Evangelium wurde verkündigt; es war für sie keine Frage der speziellen Führung oder des übernatürlichen Anstoßes. Das ist wichtig herauszustellen, denn wie oft wird dieser Bereich des einfachen Zeugendienstes am Arbeitsplatz oder in der Öffentlichkeit supervergeistlicht. Man meint erst etwas über Jesus sagen zu können, wenn man von Gott dazu geleitet wird. Oftmals ist diese Haltung nur ein Vorwand für unsere Drückerei vor dem Zeugendienst. Zum einfachen Zeugnis brauchen wir keine Berufung, wir sollen es tun, wo immer wir sind und stehen. Unter den ersten Christen gab es keine Zeit des Müßiggangs; sie benötigten nicht die Aufforderung des Heiligen Geistes, um zu evangelisieren. Das gehörte zum normalen Tagesablauf.
Wir brauchen Gott erst gar nicht zu fragen – und oftmals wird er es nicht für notwendig halten, uns auf selbstverständliche Dinge eine Antwort zu geben –, ob wir Traktate verteilen sollen, eine Straßenversammlung halten oder unseren Nachbarn einladen sollen. Das ist der selbstverständliche Missionsbefehl, und wenn Gott es tatsächlich anders haben möchte, dann wird er es schon sagen.

Es gibt also nie einen Anlaß, die Hände in den Schoß zu legen und zu sagen, ich weiß nicht, was Gott von mir will. Wir können immer etwas für ihn tun.
Ich möchte etwas dieser Tendenz entgegen wirken, daß man meint, erst etwas tun zu brauchen, wenn Gott einen klaren Auftrag gegeben hat. Ganz gewiß hat Gott einen bestimmten Weg für Dein Leben, aber wenn Du ihn noch nicht voll durchschaust, machst Du keine Pause, sondern greifst zu, wo Du in Deiner Gemeinde gebraucht werden kannst.

Wir haben wieder etwas zu lernen von der Haltung der ersten Christen: „Denn es ist uns unmöglich, von dem, was wir gesehen und gehört haben, nicht zu reden." Dies ist einer der Schlüsselverse für das Wachstum der ersten Gemeinde. „Und sie hörten nicht auf, jeden Tag im Tempel und in den Häusern zu lehren und Jesus als den Christus zu verkündigen."

Apg. 4, 20

Apg. 5, 42

Wenn es um das Lehren und Evangelisieren ging, brauchten sie nicht erst Gott zu fragen, es war für sie eine tägliche Beschäftigung.
Es ist interessant zu lesen, daß selbst Verfolgungssituationen sie nicht ins Zweifeln über ihre Missionstätigkeit brachten. Das würde uns schon näher liegen: Es treten Schwierigkeiten auf und wir fragen uns und beten, ob wir noch weiter evangelisieren oder lieber schweigen sollten.
Als gegen die Gemeinde in Jerusalem eine große Verfolgungskampagne gestartet wurde, Stefanus getötet, andere ins Gefängnis geworfen und vertrieben wurden, lesen wir wie selbstverständlich: „Die Zerstreuten nun gingen umher und verkündigten das Wort." Keine Zeit der Besinnung und des Fastens und Fragens, wie es weitergehen solle. Gottes Wille war für sie klar und brauchte nicht erneut hinterfragt zu werden: „Geht nun hin und macht alle Nationen zu Jüngern ...". Von dieser Haltung können wir sicherlich sehr viel lernen!

Apg. 8, 1-3

Apg. 8, 4

Mt. 28, 19

Paulus entwickelte bei seiner Evangelisationstaktik sogar Gewohnheiten, wenn er in eine neue Stadt kam. Er suchte zunächst den Ort auf, an dem sich erfahrungsgemäß viele Menschen aufhielten, die Synagoge.

Apg. 17, 1+2 „Nachdem sie aber durch Amphipolis und Apollonia gereist waren, kamen sie nach Thessalonich, wo eine Synagoge der Juden war. **Nach seiner Gewohnheit** aber ging Paulus zu ihnen hinein und unterredete sich an drei Sabbaten mit ihnen aus den Schriften."
Dieser Ausdruck „nach seiner Gewohnheit" mutet einem vielleicht zuerst etwas seltsam an, wenn man meint, daß die ersten Christen nur immer vom Heiligen Geist von einem Ort zum anderen geführt wurden. Das war offensichtlich nicht immer so! Das normale war, daß sie wie Paulus ihren erneuerten Sinn, der es gelernt hatte in den Kategorien Gottes zu denken, gebrauchten und überlegten, welches wohl der günstigste Anfangsort für die Verkündigung des Wortes Gottes war. Danach gingen sie zielstrebig an die Arbeit und blieben offen für das korrigierende Reden Gottes. Sie blieben in Bewegung für Gott und vielfach nutzte der Herr diese Gelegenheiten, um Türen zu öffnen.

In Philippi war eine ähnliche Situation. In dieser Stadt gab *Apg. 16, 13* es keine Synagoge, so suchten sie einen anderen Ort: „In dieser Stadt aber verweilten wir einige Tage. Und am Tag des Sabbats gingen wir hinaus vor das Tor an einen Fluß, wo wir eine Gebetsstätte **vermuteten**; und wir setzten uns nieder und redeten zu den Frauen, die zusammengekommen waren."
Dieser Begriff „vermuteten" läßt nicht viele Rückschlüsse auf direkte Inspiration durch den Heiligen Geist zu. Wiederum gebrauchen sie ihren erneuerten Sinn und Gott lenkt die Situation so, daß sich eine reiche Geschäftsfrau *Apg. 16, 14+15* bekehrt: „Und eine Frau mit Namen Lydia, eine Purpurkrämerin aus der Stadt Thyatira, die Gott anbetete, hörte zu; deren Herz tat der Herr auf, daß sie achtgab auf das, was von Paulus geredet wurde. Als sie aber getauft worden war und ihr Haus, bat sie und sagte: Wenn ihr urteilt, daß ich an den Herrn gläubig sei, so kehrt in mein Haus ein und bleibt. Und sie nötigte uns."
Das Muster, das wir hinter all diesen Beispielen sehen, ist also, daß die ersten Christen den Missionsbefehl als den erklärten Willen Gottes nahmen und ohne viel zu reflektieren evangelisierten, wo sie auch waren. Sie fragten nicht

nach übernatürlicher Führung für diesen Entscheidungsbereich.
Dabei gebrauchten sie all ihre Weisheit und entwickelten feste Strategien, die Gott nutzte, um Menschen zu sich zu ziehen.

Prinzip: Du brauchst keine übernatürliche Führung, um Deinem Zeugendienst nachzukommen. Gottes Wille diesbezüglich ist klar offenbart! Nutze jede Gelegenheit, um Deinen Herrn durch Wort und Tat zu bezeugen und Du wirst sehen, wie Gott die Situation in die Hand nehmen wird, um Menschen zu sich zu ziehen.

Die Betonung dieses Sachverhaltes bedeutet nun nicht, daß es kein direktes Reden Gottes bei der Befolgung des Missionsbefehls gab. Natürlich sprach der Heilige Geist in die Situationen hinein und zwar immer dann, wenn Gott einen Kurswechsel wollte oder zu einer bestimmten Zeit an einem bestimmten Ort einen Boten brauchte, um einer anderen Person zu helfen. Ich wollte zunächst einmal das Argument entkräftigen, daß man nur etwas für Gott tun braucht, wenn er einen losgeschickt hat. Wir dürfen nicht vergessen, daß wir Mitarbeiter Gottes sind, unseren erneuerten Sinn gebrauchen sollen und dabei immer sensibel bleiben können für die Hinweise Gottes. Liebe zu der verlorenen Welt macht erfinderisch!
Philippus gehörte mit zu denen, die während der Verfolgung aus Jerusalem vertrieben wurden. Für ihn gab es kein Jammern oder Anklagen. Ohne zu zögern ging er in den nächsten Ort, um zu predigen. Dazu brauchte er keine direkte Führung. „Philippus aber ging hinab in eine Stadt *Apg. 8, 5*
Samarias und predigte ihnen den Christus." In dieser Stadt geschieht eine gewaltige Erweckung. Dann ergibt sich die Situation, daß Gott zu einer bestimmten Zeit an einem bestimmten Ort einen Boten braucht, um dem Finanzminister aus Äthiopien weiterzuhelfen. Wir wissen schon, wie die Geschichte weitergeht. Gott greift direkt ein, indem er einen Engel zu Philippus schickt, um ihn in die neue ak- *Apg. 8, 26*
tuelle Aufgabe hineinzuführen. Um diesen einen suchenden

Menschen zu erreichen, war dieses direkte Reden Gottes unbedingt notwendig, dagegen für die Evangelisation in der Stadt Samariens nicht, weil es sowieso im Willen Gottes lag.

Wäre die Evangelisation in Samarien aus irgendwelchen, nur Gott bekannten Gründen, nicht angebracht gewesen, *Apg. 16, 6 ff.* hätte Gott Philippus sicherlich genauso gebremst, wie er Paulus und seine Begleiter durch den Heiligen Geist verhinderte, in gewissen Ländern zu verweilen, bis er ihnen durch direktes Reden in einer Vision die klare Richtung angeben konnte.

Es kommt also darauf an, daß wir in aller Weisheit für Gott handeln und dabei offen und sensibel bleiben für sein Abbremsen, die Wegkorrekturen oder neuen Aufgaben. Es ist wichtig, in Bewegung zu bleiben und seine inneren Ohren auf Empfang zu stellen. Erinnere Dich an das Beispiel, daß ein fahrender Wagen besser zu lenken ist, als ein parkender.

Vielleicht sollten wir einmal eine Situation, die Dich betreffen könnte, konstruieren, um die Prinzipien der Führung Gottes zu verdeutlichen: Du hast einen freien Samstag und möchtest den Vormittag nutzen, um in der Fußgängerzone Deiner Stadt Traktate zu verteilen und Menschen anzusprechen. Dazu brauchst Du keine direkte Führung, denn Du weißt, daß auch die ersten Christen „nicht aufhörten, jeden Tag Jesus als den Christus zu verkündigen". Außerdem gehört die Fußgängerzone mit in den Missionsbefehl Jesu, „in die ganze Welt zu gehen und der ganzen Schöpfung das Evangelium zu predigen". Also machst Du Dich auf den Weg in die Fußgängerzone. Während Du dabei bist, Traktate zu verteilen und still in Zungen betest, kommt Dir der Impuls, zu dem nächsten Marktplatz zu gehen. Warum solltes Du diesem Gedanken nicht nachgehen? Schließlich kannst Du ja auf dem ganzen Weg die Zeit auskaufen und Traktate weitergeben. Auf dem Marktplatz sagt Dir dann die innere Stimme: Geh hinüber zu dem Mann mit dem gelben Hemd, auf der anderen Seite und sprich ihn an. Natürlich klopft Dein Herz wie wild, aber mutig gehst Du hinüber und beginnst

ein Gespräch. Es ist fast so, als wenn er nur darauf gewartet hätte. Ihr setzt Euch zusammen auf die Bank und er übergibt sein Leben Jesus.
Natürlich ist dies nur eine konstruierte Situation, aber vielfach spielt es sich ähnlich ab, daß, wenn wir für Gott im Einsatz sind, er uns konkret leitet und in wichtige Einzelsituationen führt.
Wir sehen also, daß Gott es in der Regel nur notwendig hält durch direktes Reden einzugreifen, wenn er uns abbremsen, in eine andere Richtung haben möchte oder uns als Boten an einen bestimmten Ort schicken möchte, so, wie er Ananias zu Paulus und Petrus zu Cornelius führte. *Apg. 9,10ff.* *Apg. 10,9ff.*
Ansonsten dürfen wir unseren erneuerten Sinn gebrauchen und damit rechnen, daß Gott schon eingreifen wird, wenn es ihm nicht recht ist.

Prinzip: Gott erwartet von Dir, daß Du Deinen erneuerten Sinn gebrauchst und für ihn arbeitest, wo Du eine Gelegenheit oder Not siehst. Er wird ganz gewiß dann durch direktes Reden eingreifen, wenn Du in eine falsche Richtung marschierst oder er einen Kurswechsel möchte oder Dich zu einer bestimmten Zeit an einem bestimmten Ort als Boten gebrauchen will.

Als drittes Prinzip, Entscheidungen zu treffen, neben dem selbstverständlichen Ausführen des Missionsbefehls und dem Reden Gottes bei Kurskorrekturen, fiel mir der intensive Gebrauch des erneuerten Sinnes auf.
In einem früheren Kapitel haben wir von dem erneuerten Sinn gesprochen, dem Denken in Gottes Kategorien, daß wir durch die Beschäftigung mit dem Wort Gottes, seinem Charakter und seinem Handeln lernen, so zu denken und zu handeln, wie Gott denken und handeln würde und die Gesinnung Jesu in uns aufgenommen haben.
In der Apostelgeschichte stoßen wir immer wieder auf Situationen, in denen Entscheidungen aus diesem erneuerten Sinn getroffen wurden.
Als in Jerusalem die Versorgung der Christen nicht mehr richtig klappte und die Witwen der Griechen übersehen *Apg. 6,1ff.*

wurden, fassen die 12 Apostel den Entschluß, daß es nicht gut sei, daß sie das Wort Gottes vernachlässigten, um die Tische zu bedienen. Wo anders kam dieser kluge Entschluß her, als aus ihrem erneuerten Sinn, der es gelernt hatte, eine Situation so zu beurteilen, wie der Herr es getan hätte.

Nach diesem Entschluß rufen sie nicht eine Gebets- und Fastenzeit aus, damit der Herr ihnen die Personen nennen sollte, die als Diakone infrage kamen, sondern sie bitten
Apg. 6, 3 die Brüder: „So seht euch nun um, liebe Brüder, nach sieben Männern unter euch, von gutem Zeugnis, voll Geist und Weisheit, die wir über dieses Geschäft bestellen wollen.“ Diese Worte gefallen der ganzen Menge und sie
Apg. 6, 6 suchen nach diesen Kriterien sieben Männer. „Diese stellten sie vor die Apostel; und als sie gebetet hatten, legten sie ihnen die Hände auf.“

Die Ernennung der sieben Diakone wurde also ohne unmittelbare übernatürliche Führung mit Hilfe des erneuerten Sinnes durchgeführt und trotzdem bleibt bei allem das Horchen auf die Bestätigung Gottes. Als sie nach dem Gebet Frieden darüber hatten, legten sie ihnen die Hände auf und setzten sie so in ihr Amt ein.

Eine gesunde Zusammenarbeit des erneuerten Sinnes mit dem bestätigenden Reden Gottes.

Apg. 11, 19 ff. Genauso werden, als man in Jerusalem hört, daß in Antiochien eine neue Gemeinde entstanden sei, spontan Lehrer zur Unterstützung des jungen Gemeindelebens nach Antiochien gesandt. Eine weise Entscheidung aus dem erneuerten Sinn heraus.

Apg. 15, 1 ff. Als unter den Brüdern ein Zwiespalt wegen der Streitfrage über die Beschneidung entstand, ist bemerkenswert festzustellen, daß sie nicht auf übernatürliche Weise, etwa durch Weissagungen oder Visionen, die Antwort herbeizuführen versuchten. Dies wäre sicherlich sehr kritisch gewesen, weil beide Gruppen in ihrer Ansicht befangen waren und sich wahrscheinlich sowieso nicht geglaubt hätten. Unterschiedliche Lehrfragen sollte man im Studium der Schrift und im gemeinsamen Gespräch klären und nicht durch Geistesgaben. So taten sie es auch in dieser kritischen Situation und schließlich spricht Jakobus aus seinem erneurten Sinn das spannunglösende Wort: „Deshalb urteile ich . . . " und alle waren damit einverstanden, weil es den Gedanken Gottes zu dieser Streitfrage entsprach. *Apg. 15,19*

Prinzip: **Von vielen Entscheidungen möchte Gott, daß Du sie mit großer Weisheit aus Deinem erneuerten Sinn heraus triffst. Er möchte nicht, daß wir unmündig bleiben, sondern zu Mit-Arbeitern in seinem Reich werden.**

Die vielfältigen Entscheidungssituationen in der Apostelgeschichte zeigen uns also, daß selbstverständliches Arbeiten für Gott, Entscheidungen aus dem erneuerten Sinn und direktes Reden Gottes in eine Situation hinein Hand in Hand gehen und daß man das Eine nicht von dem Anderen lösen darf.
Wir müssen uns also von dem Vorurteil lösen, daß wir nur dann etwas tun dürfen, wenn Gott direkt gesprochen hat. Andererseits dürfen wir auch nicht unsere eigenen Wege gehen, sondern müssen „verwandelt werden durch die Erneuerung unseres Sinnes", um brauchbare Mitarbeiter Gottes zu werden, die immer sensibel sind für sein korrigierendes Eingreifen.

15 UNZUVERLÄSSIGE METHODEN

In diesem Kapitel möchte ich auf Praktiken des Erforschens des Willens Gottes eingehen, die ungut sind. Sie mögen vielleicht in besonderen Einzelsituationen zutreffen; wenn wir sie aber als eine beständige Form nehmen, machen sie uns zu geistlichen Pygmäen und können uns in die Irre führen.

Die folgende Form finden wir unter Christen sehr häufig, aber ich kann dafür keine Grundlage und Beispiele in der Bibel finden. Jemand braucht von Gott eine Antwort, nimmt seine Bibel, schlägt sie betend auf und vertraut darauf, daß in dem Vers, wo seine Finger hinzeigen, die Antwort Gottes für seine Fragen zu lesen ist. So aufrichtig das Anliegen auch gemeint sein mag, wo finden wir die biblische Grundlage, daß Gott uns durch „Fingerzeigen" führen will? Es ist beinahe verheerend, wie verbreitet diese Praxis ist. Das Berichten von Erfolgen bei dieser Art Willenserforschung beweist nicht, daß wir es so tun sollen. Die vielen Situationen, bei denen es erst nach mehrmaligem Aufschlagen oder gar nicht geklappt hat, werden wohlweislich verschwiegen.

Als meine Frau als junger Christ ohne viel zu reflektieren diese Praxis von anderen übernahm und auf diese Weise die Bibel aufschlug, den Finger an eine Stelle legte und
Ps. 55,16 nachschaute, las sie „Der Tod überraschte sie." Seitdem ließ sie schnell die Finger davon.

Natürlich hat uns jeder Vers der Bibel etwas zu sagen. Es kann sehr wohl geschehen, daß Du in der Bibel liest und Dir auf einmal ein Vers besonders wichtig wird. Er springt Dir so ins Auge, daß Du einfach weißt, daß er Dir und Deiner Situation gilt und Du ihn als eine unter anderen Antworten auf Deine Fragen nehmen kannst. So ist es gut und richtig, weil Du Gott die Möglichkeit läßt zu sprechen oder nicht. Andernfalls ist es doch wirklich so, daß Du Gott manipulieren willst, zu sprechen. Er soll Deine Hand führen und orakelhaft eine Antwort geben. So redet Gott nicht und wir sollten ihn nicht versuchen!

Eine andere Art ist ähnlich: das Bibelsprüche ziehen! Es ist eine feine Gepflogenheit zu besonderen Anlässen, etwa zum Jahreswechsel oder zu einem Geburtstag zur Auferbauung und Ermunterung eine Karte mit einer Bibelstelle zu ziehen und sich über den Text zu freuen, weil es das ermunternde Wort Gottes ist. Solange es dabei bleibt, ist es in Ordnung!
Gefährlich wird es erst, wenn ich da sitze und mir sage, das nächste Kärtchen, das ich ziehe, nehme ich als Antwort auf meine Frage. So soll es sein und das werde ich tun.
Bibelsprüche zu ziehen ist gut als allgemeine Auferbauung und wird gefährlich, wenn ich es als konkrete Führung nehmen möchte.

Eine weitere fragwürdige Methode, den Willen Gottes zu erforschen, ist das sogenannte „Vließ auslegen“. Diese Methode hat tatsächlich ihre Begründung aus einer Situation im Alten Testament, wird aber von den Befürwortern meist in abgewandter und abgeschwächter Form praktiziert.
Es geht darum, daß Gideon den Willen Gottes erfahren möchte, in dem er einmal ein Woll-Vließ auf die Tenne legt und das Menschenunmögliche erwartet, daß am nächsten Morgen nur auf dem Vließ allein Tau sein soll und nicht auf dem Boden. Es tritt tatsächlich ein. Daraufhin macht Gideon die Gegenprobe und erwartet, daß am nächsten Morgen das Vließ trocken sein soll und der Boden ringsherum feucht. Auch darauf geht Gott ein. *Ri. 6, 36 ff.*
Diese einmalige Situation wird nun von vielen als Beweis genommen, daß sie von Gott selbstbenannte Zeichen fordern können, um sich so ihre Antworten zusammenzuzimmern.
Die Zeichenforderungen sehen dann manchmal recht primitiv aus. Etwa so: wir nehmen es als ein Zeichen, daß Gott möchte, daß wir einen Straßeneinsatz machen, wenn die Sonne scheint. Oder: wenn Gott nicht in einer Woche auf mein gefordertes Zeichen geantwortet hat, werde ich etwas Bestimmtes tun.
Eine jungverheiratete Frau wünschte sich von ganzem Herzen schwanger zu werden und ein Baby zu bekommen.

Aber es klappte nicht so schnell. Natürlich brachte sie dieses Anliegen im Gebet vor Gott, und dann kam sie eines Tages beim Einkaufen auf folgenden Gedanken: Wenn mir heute morgen an der Kasse eine schwangere Frau begegnet, nehme ich es als Zeichen, daß Gott mein Gebet erhört hat und ich schwanger bin. Tatsächlich, neben ihr an der Kasse stand eine schwangere Frau und schon erzählte sie stolz in ihrem Freundeskreis, Gott habe ihr Gebet erhört, sie wüßte, daß sie schwanger sei. Alle freuten sich mit, aber die Zeit verging und nichts geschah. Wie peinlich! Im Seelsorgegespräch brach ihre Enttäuschung heraus, und sie gab Gott die Schuld für diese Blamage.

Wer sind wir eigentlich, daß wir durch unsere Zeichen und Forderungen Gott hin und her dirigieren wollen, nach unserem Belieben und zu einem Zeitpunkt, den wir bestimmen? Hier werden doch die Beziehungen zwischen Geschöpf und Schöpfer total verdreht! Was für eine Anmaßung, Gott dirigieren zu wollen! Wenn Gott spricht, tut er es, wann er will und aus seiner Souveränität heraus und nicht, wenn wir wollen. Nimm diese Ermahnung und laß die Finger davon.

Nun wird die Rechtfertigung für dieses Handeln von dem Beispiel des Gideons abgeleitet. Darum sollten wir es noch einmal anschauen. Einmal sehen wir, daß er kein primitives Zeichen forderte, sondern etwas Menschenunmögliches. Dann ist diese Situation eingebettet in vorheriges
Ri. 6,11 Reden Gottes. Zuerst spricht Gott durch einen Engel zu ihm und fordert ihn auf, mit seiner Hilfe, Israel aus der Hand Midians zu retten. Gideon fühlt sich unfähig und bittet um ein weiteres allgemeines Zeichen, worauf Gott
Ri. 6,20 eingeht. Der Engel fordert ihn auf, Fleisch und ungesäuerten Kuchen auf einen Felsen zu legen, und er verbrennt es vor Gideons Augen.

Die Zeit vergeht und Gideon bekommt Zweifel an seiner Berufung. Aus dieser Situation heraus tritt er von sich aus vor Gott und fordert diese Zeichen. Der Text sagt uns klar,
Ri. 6,39 daß er sich dabei äußerst unwohl fühlt: „Und Gideon sprach zu Gott: Dein Zorn entbrenne nicht wider mich! und ich will nur noch diesmal reden. Laß mich es doch nur noch diesmal mit dem Vließ versuchen."

Gideon wußte, daß er mit einer falschen Haltung vor Gott trat, daß es ihm nicht zustand, sich so vor seinen Herrn zu stellen.
Wir sollten daher dieses Beispiel nicht als eine nachahmenswerte Methode herausstellen. Es ist ein einmaliges Ereignis. Nirgends in der Bibel wird darauf hingewiesen, daß wir uns Gideons Haltung als Vorbild nehmen sollen.
Nun möchte ich einräumen, daß es durchaus richtig ist Gott zu bitten, zu seinem bisherigen Reden bestätigende Zeichen zu geben, damit wir erkennen können, daß wir nach wie vor in seinem Willen stehen. Aber dabei überlassen wir es natürlich ihm, auf welche Weise und zu welchem Zeitpunkt er reden möchte. Das ist ein ganz anderer Sachverhalt, als sich fordernd vor Gott zu stellen und ihm vorzuschreiben wie und wann er zu antworten habe, mit der Drohung, andernfalls eine gewisse Entscheidung zu treffen.
Die genannten Methoden des „Fingerzeigens", „Bibelsprüche ziehen" und „Vließ-Auslegens" und auch noch andere sind alle Ausdruck unserer Unfähigkeit, das Reden des Heiligen Geistes herauszuhören. Sie können auch Ausdruck von Faulheit und Feigheit sein. Es ist nun einmal einfacher eine Bibelstelle herauszupicken oder ein Zeichen zu fordern, als sich zu bemühen, in der Nachfolge und im Gehorsam und der täglichen Stille vor Gott nach seinem Willen zu fragen und auch einmal die Zeiten des Wartens durchstehen zu müssen. Aber es geht nicht darum, was für uns bequemer und einfacher ist. Wir haben das geoffenbarte Wort Gottes, die Bibel und leben damit, und es ist Gnade Gottes, sein souveränes Eingreifen, wenn er sich uns zuwendet und zu uns redet.

Prinzip: „Fingerzeigen", „Bibelsprüche-ziehen", „Vließ-Auslegen" und ähnliche Methoden sind keine angemessene Haltung, von Gott Antwort zu fordern. Damit stellen wir uns als die Dirigierenden vor Gott und möchten ihn veranlassen zu reden, wie und wann wir es wollen. Damit greifen wir verbotenerweise in die Souveränität des Redens Gottes ein.

16 ... HINGELANGEN ZUR VOLLEN MANNESREIFE

Wenn wir uns über das Thema „Führung durch den Heiligen Geist“ unterhalten, dürfen wir es nicht versäumen klar darauf hinzuweisen, daß das richtige Verstehen des Redens des Heiligen Geistes eng zusammengehört mit geistlicher Reife.

Für den Leser, der mir bis hierher gefolgt ist, gilt dieser biblische Grundsatz: „Die feste Speise aber ist für Erwachsene, die infolge der Gewöhnung geübte Sinne haben zur Unterscheidung des Guten wie auch des Bösen.“ *Hebr. 5, 14*

Der Umgang mit dem Reden des Heiligen Geistes gehört ohne Zweifel „zur festen Speise“ und gilt nicht für Unmündige.

Es gibt in der Familie der Gotteskinder zwei Gruppen von Unmündigen. Einmal alle die, die neu hineingeboren sind als Kinder Gottes und ganz natürlich wachsen müssen in geistliche Reife hinein und dann die, die Wachstumsstörungen haben, weil sie nicht bereit sind, die Lektionen Gottes zu lernen und lieber in ihrem unmündigen Zustand verharren.

Zu der ersten Gruppe: Wenn Du Dein Leben Jesus übergeben hast, wirst Du in der Bibel verglichen mit einem neugeborenen Baby. Du sollst Dich mit Milch nähren und nicht mit schwerer Speise, weil Du sie nicht vertragen kannst. Feste Speise ist nun einmal für Erwachsene!

1. Petr. 2, 1+2 „Legt nun ab alle Bosheit und allen Trug und Heuchelei und Neid und alles üble Nachreden, und seid wie **neugeborene Kinder** begierig nach der vernünftigen, unverfälschten Milch des Wortes – damit ihr durch sie **wachset** zur Errettung.“

Für den jungen Christen kommt als erstes das Ablegen der alten Verhaltensweisen und das Wachstum durch die Beschäftigung mit dem Wort Gottes und nicht das Ausschauhalten nach den übernatürlichen Zeichen. Wenn Du dies als junger Christ beherzigst und Dich geistlichen Vätern und Müttern unterordnest, wirst Du merken, wie Du hingelangst „zur Einheit des Glaubens und zur Erkenntnis des Sohnes Gottes, zur vollen Mannesreife, zum Vollmaß des Wuchses der Fülle Christi. Denn wir sollen nicht mehr Unmündige sein, hin- und hergeworfen und umhergetrieben von jedem Wind der Lehre durch die Betrügerei der Menschen, durch ihre Verschlagenheit zu listig ersonnenem Irrtum. Laßt uns aber die Wahrheit erkennen in Liebe und in allem hinwachsen zu ihm, der das Haupt ist, Christus." *Eph. 4, 13-15*

Ohne Charakterschulung und tiefe Kenntnis des Wortes Gottes bleibst Du ein Unmündiger und der Umgang mit „fester Speise" wird gefährlich.
„Und ich, Brüder, konnte nicht zu euch reden als zu Geistlichen, sondern als zu Fleischlichen, als zu **Unmündigen** in Christus. Ich habe euch Milch zu trinken gegeben, nicht feste Speise; denn ihr vermochtet es noch nicht. Ihr vermögt es aber auch jetzt noch nicht, denn ihr seid noch fleischlich. Denn da Eifersucht und Streit unter euch ist: Seid ihr nicht fleischlich und wandelt nach Menschenweise?" *1. Kor. 3, 1-3*

Es wird immer fatal, wenn sich jemand nach „fester Speise" ausstreckt, wenn er es noch nicht vermag, sei es, weil er noch zu jung im Glauben ist oder aufgrund der fehlenden Bereitschaft, den alten Menschen abzulegen. Solange Eifersucht, Streit, Bosheit, Trug, Heuchelei, Neid und übles Nachreden in Dir vorhanden ist, kann Dich das Fragen nach dem Übernatürlichen auf gefährliche Irrwege führen.

Ich kann diesen Punkt nicht genug betonen: es ist gerade diese Gruppe von unreifen Christen, die mit einem leichtfertigen „Der Herr hat mir gesagt!" unbelehrbar ist und sich und andere ins Unglück stürzt. Es ist eine spannende Sache mit dem Feuer des Heiligen Geistes zu leben, aber wir haben unseren Preis zu zahlen.

Geistliches Wachstum braucht seine Zeit. Wir können nicht über Nacht reife Christen werden, wohl aber unser

geistliches Wachstum unterstützen durch Eifer und Gehorsam. Die Bibel spricht viel von Schafen und Lämmern.
Joh. 10, 27 Jesus sagt: „Meine Schafe hören meine Stimme" und nicht meine Lämmer! Lämmer lernen nach und nach und sicherlich auch durch das Vorbild der Schafe, die Stimme des Hirten zuverlässig herauszuhören.

Prinzip: **Wir haben in der Bibel den Grundsatz: „Feste Speise ist für Erwachsene". Solange Du als junger Christ oder aufgrund fehlenden Wachstums ein Unmündiger bist, ist jeglicher Umgang mit dem Übernatürlichen gefährlich.**

ZUSAMMENFASSUNG DER PRINZIPIEN

17

Zum Abschluß möchte ich noch einmal eine Zusammenschau aller erarbeiteten Prinzipien geben. Sie soll als Übersicht und zur Wiederholung für die gelten, die wirklich lernen wollen, zuverlässig mit dem Reden des Heiligen Geistes zu leben. Ich meine, daß alle Prinzipien zusammengesehen werden müssen und keins ausgelassen werden darf. Nimm sie bei Deinem persönlichen Erforschen des Willens Gottes als eine Prüfliste, um Dich auf dem richtigen Weg zu halten, damit Dein Leben im Willen Gottes verlaufen und ein Segen für viele sein kann:

1. **Persönliche Führung durch den Heiligen Geist gibt es nur, wenn Du Jesus als Deinen persönlichen Herrn und Erlöser angenommen hast und durch die Wiedergeburt ein Kind Gottes geworden bist.**
   Für jedes einzelne seiner Kinder hat Gott einen Lebensplan, und er möchte Dich ganz persönlich dort hineinführen.
   Das Leben im Plan Gottes wird das fröhlichste, erfüllteste und abenteuerreichste Leben sein, das es hier auf dieser Erde zu verwirklichen gibt.

2. **Überschlage die Kosten und übergib Dein Leben vorbehaltlos Jesus gemäß der Lebensprinzipien des Neuen Testamentes.**
   Lege jeden Tag neu in die Hände Gottes und gehe wachsam und voller Nächstenliebe den anfallenden Aufgaben nach.
   So wirst Du die beste Grundlage schaffen für Gottes Vorsorge und Eingreifen in Deiner Situation.

3. **Gott hat ein Lebensziel für Dich gesetzt. Jeder Tag kann Dich diesem Ziel näher bringen. Deine geistliche Trägheit oder Eifer und Konsequenz in der Nach-**

folge können diesen Weg behindern oder beschleunigen. Es gibt nicht nur einen Weg auf das Ziel zu. Wenn Du den Weg verfehlt hast und Buße tust, wird Gott Dir einen neuen Weg zeigen.

4. Gottes Reden ist vielfältig und kann nicht in ein Schema gepreßt werden. Aber wir haben eine Art der Führung, die gerade für unser Zeitalter gilt: Das Reden des Heiligen Geistes.
Die Apostelgeschichte ist unser Lehrbuch über Führung durch den Heiligen Geist. Das Hören auf die Stimme des Heiligen Geistes ist eine unbedingte Notwendigkeit für einen effektiven und vollmächtigen Dienst.
Gott traut uns diese Art der Führung zu und gibt uns in der Bibel die Kriterien für den Umgang.

5. Alles subjektiv Empfangene muß an objektiven Kriterien geprüft werden. Jeder übernatürliche Impuls sollte erst dann als von Gott angenommen werden, wenn er übereinstimmt mit den Aussagen der Bibel, dem Zeugnis des erneuerten Sinnes, dem Rat der Geschwister und den bestätigenden Umständen.
Handle niemals allein auf einen Impuls hin, sondern warte, bis weitere Positionslichter die Bestätigung geben!

6. Jeder übernatürliche Impuls muß von der Bibel als objektiver Maßstab beurteilt werden. Da es der gleiche Heilige Geist ist, der die Bibel inspiriert hat, wird er sich niemals widersprechen. Jede Aussage, die von der Wahrheit der Bibel abweicht oder darüber hinausgeht, muß als falsch abgelehnt werden. Ohne gründliche Bibelkenntnis ist keine Beurteilung möglich und das Befassen mit dem Reden des Heiligen Geistes gefährlich.

7. Die meisten unserer Fragen in bezug auf Führung finden wir in der Bibel beantwortet. Zuerst haben wir zu studieren, was die Bibel zu unseren Anliegen zu sagen

hat und das auch zu beherzigen, ehe wir Gott bitten, uns auf andere Weise seinen Willen zu offenbaren. Wenn unser Denken durch die biblischen Aussagen geschult ist, wird es uns leichter fallen, herauszuhören, was der Heilige Geist zu sagen hat.

8. Sei Dir beim Lesen der Bibel bewußt, daß Vorurteile, falsche Traditionen oder Erziehungseinflüsse Dich hindern können aus der Bibel herauszulesen, was Gott wirklich gemeint hat, und schule Dich, jede Aussage in ihrem Kontext so zu nehmen, wie sie einfach und wörtlich niedergeschrieben ist.

9. Ohne eine grundlegende Wandlung in Deinem Verhalten und Denken wird es nicht möglich sein, zuverlässig den Willen Gottes herauszufinden. Dein Sinn muß erneuert werden durch das Aufnehmen des Wortes Gottes und dem entsprechenden Handeln. Wenn Du es gelernt hast in Gottes Kategorien zu denken, wird Führung kein Problem mehr sein.

10. Gott hat Dich als Partner und nicht als Roboter geschaffen. Er möchte Dich lehren, in Deinem erneuerten Sinn mitzudenken und Verantwortung zu tragen. Wenn Du Deine Aufgabe bekommen hast, darfst Du zuversichtlich auf das Ziel zuarbeiten, wenn Du dabei stets für Gottes Wegkorrekturen offen bleibst.

11. Gott erwartet nicht, daß Du aufhörst zu denken, wenn es um Führung geht. Er ordnet klar an, daß wir auf vielfältige Art Weisheit erwerben sollen und daß gerade sie uns leiten wird in den Entscheidungen, die wir zu treffen haben.

12. Es ist die Forderung der Bibel, daß wir weise Väter in Christus haben, die Du zur Beratung aufsuchen sollst. Jedes Einzelgängertum ist unbiblisch! Wenn Du mit übernatürlicher Führung leben willst, brauchst Du einen verbindlichen Kreis von Christen, deren Kritik Du annimmst und befolgst.

13. Umstände dürfen nie allein als ein Führungskriterium Gottes angenommen werden. Sie können nur im Kontext mit anderen Reden des Heiligen Geistes gedeutet und als Bestätigung für bisherige Führung genommen werden. So kannst Du herausfinden, ob negative Umstände das warnende Eingreifen Gottes bedeuten oder die Verunsicherungstaktik Satans sind.

Bemühe Dich vor einer wichtigen Aufgabe, die Führung Gottes wirklich unmißverständlich klar herausgehört zu haben, denn dann werden Dich negative Umstände auf Deinem Weg nicht beunruhigen können.

14. Nimm positive Umstände und Erfolge nicht ungeprüft als Hinweis Gottes, daß Du Dich am richtigen Platz befindest. Beurteile diese Situation an den schon gegebenen Impulsen des Heiligen Geistes, ehe Du sie als positiv wegweisende Bestätigung nimmst.

15. Handle nie allein auf einen Impuls hin, sondern laß ihn bestätigen. Beurteile ihn dann an den Aussagen der Bibel und an dem Zeugnis Deines erneuerten Sinnes. Lege ihn der Beurteilung reifer und erfahrener Christen vor und warte, daß Gott in seinem Zeitplan die richtigen Umstände schafft.

16. Viele Impulse, die wir als von Gott gegeben halten, entspringen unserer eigenen Seele: unserem Verstand, Willen und Gefühl. Nur ein bewußtes Erkennen und Unterordnen dieser drei Bereiche unter das Wort Gottes wird Dich vor Fehlschlüssen bewahren können.

17. Überprüfe, wie Dir ein Impuls gegeben wird und was dessen Endziel ist. Ist es eine drängende, zwingende Stimme oder wie der wohlmeinende Ratschlag eines guten Freundes? Satan kann niemals den „Frieden des Christus“ nachahmen. Sein Endziel ist Zerrüttung und schlechte Tat, während das Ziel göttlichen Redens gute Früchte und Frieden sind.

18. Schule Dich, in Deinem Geist auf die Stimme des Heiligen Geistes zu hören. Die Anbetung in Zungen ist eine wertvolle Hilfe im Ruhigwerden vor Gott. Ohne ein reines sensibles Gewissen wird Führung immer behindert oder mißverstanden werden. Gott erwartet Treue in den kleinen Dingen, ehe er Dir Großes anvertrauen kann.

19. Gott kennt kein Ansehen der Person, aber er erwartet gewisse Verhaltensweisen, ehe er Dir seine Weisheiten anvertrauen kann. Du brauchst den Vorsatz des Daniel in Deinem Herzen, treu zu den Prinzipien Gottes zu stehen und Dich nicht zu verunreinigen. Von Mose kannst du lernen, daß Gott klar sehen möchte, was Du vorziehst. Danach wird er Dich in seine Erziehung nehmen und zu einem sanftmütigen, demütigen und vertrauenswürdigen Menschen machen.

20. Wie in der Apostelgeschichte möchte der Heilige Geist auch ganz konkret in Deine Situation sprechen. Solch eine konkrete Anweisung wird niemals aus heiterem Himmel kommen, sondern immer in eine vorbereitete Situation eingebettet sein. Ist dies nicht der Fall, so nimm diesen Impuls als ein vorbereitendes Reden für die Zukunft oder lege ihn als einen Irrtum zur Seite.

21. Wenn der Heilige Geist Dir eine konkrete Anweisung gegeben hat, wird es nicht bei diesem vielleicht vagen Impuls bleiben. Bestätigende Umstände und weiteres Reden des Heiligen Geistes werden diesen Impuls bekräftigen. Spiele Deine Führungen Gottes nicht als Beweiskraft Deiner Geistlichkeit heraus, sondern übe immer Zurückhaltung und Höflichkeit.

22. Der Heilige Geist wird niemals vollkommen neue Informationen geben, sondern immer Zusammenhänge und Weisheiten der Schrift erklären oder betonen.

23. Auch wenn der Geist Gottes bestätigend gesprochen hat, heißt es nicht, sofort loszulaufen. Es ist gut, dies

noch einmal zu prüfen und der Beurteilung und dem Segen Deiner Ältesten vorzulegen.

24. Auch wenn Gott gesprochen hat, sieht es vielfach so aus, daß wir warten müssen, weil Gott Seinen Zeitplan hat und diese Zeit nutzen möchte, um uns, andere und die Umstände vorzubereiten. Diese Zeit, in der wir vielfach nur negativ abhaltende Impulse empfangen, wird sehr wertvoll für unsere geistliche Ausrüstung sein.

25. In der Zeit, in der Du auf das wegweisende Reden Gottes wartest, ist es wichtig, daß Du in Bewegung bleibst, so wie ein Auto besser in eine Richtung zu lenken ist, wenn es langsam rollt. Jedes Abkapseln und Verkrampfen kann die Situation nur schwieriger machen.

26. Bei der Beurteilung des Redens des Heiligen Geistes haben wir nicht nach der für uns angenehmsten und gefahrlosesten Auslegung zu suchen, sondern sie im Zusammenhang mit allen anderen Hinweisen richtig zu deuten. Der bequemste Weg ist nicht immer der richtige. Gott bereitet uns manchmal auch auf Trübsalssituationen vor, so daß wir sie, wenn wir in ihnen stehen, richtig einordnen können.

27. Eine für Dich gegebene Verheißung, als Gerichtsspruch oder Segen, bedeutet noch nicht, daß sie unbedingt so eintreffen muß. Ihre Erfüllung ist abhängig von Deinem Gehorsam und Deiner geistlichen Disziplin.

28. Wir haben die Verheißung der Bibel, durch den „Frieden des Christus" in unseren Entscheidungssituationen geleitet zu werden. Dies wird aber nur zuverlässig sein, wenn wir es gelernt haben, uns ständig in diesem Frieden zu bewegen. Dieser Friede ist eine Frucht des Geistes, und es gibt eine Reihe von Bedingungen, daß diese Frucht wachsen kann.

29. Die Bibel macht einen Unterschied zwischen der Gabe der Weissagung und dem Amt des Propheten. Eine

Weissagung ist in der Regel da zur Erbauung, Ermahnung und Tröstung, im Amt eines Propheten sind darüberhinaus Offenbarungsgaben enthalten. Wer die Gabe der Weissagung hat, ist noch lange kein Prophet und sollte seine Begabung nicht überschätzen.

30. Gott hat verheißen, durch Träume und Visionen zu sprechen. Trotzdem räumt die Bibel ganz nüchtern ein, daß der Ursprung unsere Phantasie oder unser Wunschdenken sein kann. Wir brauchen Weisheit und Bereitschaft zur Beurteilung, um damit zuverlässig umgehen zu können.

31. Du brauchst keine übernatürliche Führung, um Deinem Zeugendienst nachzukommen. Gottes Wille diesbezüglich ist klar offenbart! Nutze jede Gelegenheit, um Deinen Herrn durch Wort und Tat zu bezeugen und Du wirst sehen, wie Gott die Situation in die Hand nehmen wird, um Menschen zu sich zu ziehen.

32. Gott erwartet von Dir, daß Du Deinen erneuerten Sinn gebrauchst und für ihn arbeitest, wo Du eine Gelegenheit oder Not siehst. Er wird ganz gewiß dann durch direktes Reden eingreifen, wenn Du in eine falsche Richtung marschierst oder er einen Kurswechsel möchte oder Dich zu einer bestimmten Zeit an einem bestimmten Ort als Boten gebrauchen will.

33. Von vielen Entscheidungen möchte Gott, daß Du sie mit großer Weisheit aus Deinem erneuerten Sinn heraus triffst. Er möchte nicht, daß wir unmündig bleiben, sondern zu Mit-Arbeitern in seinem Reich werden.

34. „Fingerzeigen", „Bibelsprüche ziehen", „Vließ-Auslegen" und ähnliche Methoden sind keine angemessene Haltung, von Gott Antwort zu fordern. Damit stellen wir uns als die Dirigierenden vor Gott und möchten ihn veranlassen zu reden, wie und wann wir es wollen. Damit greifen wir verbotenerweise in die Souveränität des Redens Gottes ein.

35. Wir haben in der Bibel den Grundsatz: „Feste Speise ist für Erwachsene“. Solange Du als junger Christ oder aufgrund fehlenden Wachstums ein Unmündiger bist, ist jeglicher Umgang mit dem Übernatürlichen gefährlich.